KB269631

누구나 쉽게 적용 가능한
스스로 생각하는 힘!

도요타 생각

일러두기

이 책에서 '도요타자동차'는 회사명을 '도요타 자동차'는 도요타에서 생산한 자동차를 의미합니다.

누구나 쉽게 적용 가능한
스스로 생각하는 힘!

도요타 생각

하라 마사히코 지음   오태헌 옮김

한얼

도요타의 생산현장은 왜 강한가?

그것은 현장의 한 사람 한 사람이,

스스로 문제를 찾아내

작업 과정을 지속적으로 개선하며

그 과정을 모두가 공유하기 때문이다.

현상을 보다 낫게 바꾸는 힘

문제를 바르게 파악하는 힘

신속하게 행동하여 해결하는 힘

즉, 스스로 생각할 수 있는 힘을

가지고 있기에 도요타는 강하다.

도요타에는 '생각의 틀'이 존재한다.

앞서 말한 힘을 작업 과정을 통해 단련하기 위해서다.

1. 개선하려는 생각

2. 주위로 확산시키려는 생각

3. 현장을 이해하려는 생각

4. 진짜 이유를 파고드는 생각

5. 행동하려는 생각

이 다섯 가지의 '생각의 틀'을 통해

누구라도 바르게 생각해서

반드시 성과를 낼 수 있도록

방향이 설정되어있다.

도요타의 다섯 가지 핵심 생각

"생각하는 힘을 키우고 싶다."

그렇게 생각하는 직장인이 많을 것 같습니다. 이러한 생각이 드는 이유는 스킬과 업무 효율에 대해 배우는 것도 중요하지만, '생각'하는 것이 비즈니스의 근간을 이루기 때문일지도 모릅니다. 제아무리 훌륭한 시스템이 갖추어져있다 하더라도 결국 그것을 사용하는 것은 사람입니다. 사람에게는 생각하는 방법이 있습니다. 훌륭한 애플리케이션을 사용하는 것은 결국 사람입니다. 그 사람에게도 생각하는 방법이 필요합니다.

그 '생각하는 방법'을 매일같이 연마할 수 있는 회사가 있습니다. 바로 제가 다닌 도요타자동차입니다.

도요타의 생산현장에는 세상에 이미 잘 알려져있는 도요타만의 '입버릇'이 있습니다. 그것들은 '도요타의 DNA'라고 불립니다. 그것은 현장에서 일하는 사람이 '스스로 생각'할 수 있는 강력한 지표이자 생각의 틀과 같은 역할을 합니다.

그 현장에 있었던 저 역시 몇 번씩이나 도요타 '입버릇'의 도움을 받았습니다. 그리고 도요타를 떠난 지금도 그때 몸에 익혔던 입버릇과 생각이 일을 원만하게 해결하는 데 도움을 주고 있습니다.

그럼 크게 '다섯 가지 생각'에 기인한 그 입버릇을 하나씩 설명해보겠습니다.

① 개선하려는 생각

지혜를 모아 현상을 조금이라도 좋게 바꾸겠다는 생각입니다. 하라는 것만 해서는 인정을 받을 수 없습니다. 이런 생각을 몸에 익히면 '시간당 노동의 질'이나 '머리를 쓰는 것'의 중요성을 재인식할 수 있습니다. 그래서 지금보다 나은 결과를 낼 수 있게 됩니다.

② 주위로 확산시키려는 생각

발상과 행동을 확산시키려는 생각입니다. 기업에서 똑같은 일을 다른 부서에서도 되풀이하거나 누군가가 이미 해결한 문제를 다른 부서에서 다시 추진하는 경우를 많이 보고 듣습니다. 이런 것이야말로 낭비입니다. 주위로 확산시키려는 생각을 몸에 익힘으로써 조직과 개인의 낭비를 없앨 수 있습니다. 그러면 스스로의 시야가 넓어지며 성장으로까지 이어지게 됩니다. 또한. 새로운 아이디어를 도출하거나 작은 힘으로도 큰 성과를 거두는 데 도움이 될 것입니다.

③ 현장을 이해하려는 생각

현장을 가장 먼저 이해하고 답을 찾겠다는 생각입니다. 어느 형사가 이런 말을 했다지요. "사건은 현장에서 일어나고 있다." 기술이 아무리 진화하더라도 구할 수 있는 정보의 양은 현장에서 얻는 만큼에는 미치지 못합니다. 이런 생각을 몸에 익힘으로써 시야를 넓혀 바른 판단을 할 수 있습니다.

④ 진짜 이유를 파고드는 생각

겉만 보지 말고 본질을 간파하겠다는 생각입니다. 일을 하다 보면 중요한 판단을 하거나 말썽이 생겨 문제를 해결해야 하는 경우가 종종 있습니다. 이런 생각을 몸에 익히면 표면에 드러난 것에 휘둘리는 우를 범하지 않고, 본질을 꿰뚫어 대응할 수 있게 됩니다.

⑤ 행동하려는 생각

우선 움직여서 새로운 발상을 만들겠다는 생각입니다. 변화가 심한 시대에 탁상공론만으로는 현상에 적절하게 대응할 수 없습니다. 우선 행동에 옮겨본다는 생각을 몸에 익히면 바람직한 결과를 낼 수 있습니다. 그러면 성장률이 비약적으로 향상될 것입니다.

이 다섯 가지 생각이 도요타의 생각법 중에서 가장 중요하다고 생각하는 핵심 키워드입니다. 그렇다면 각각의 생각에는 구체적으로 어떠한 입버릇이 존재할까요? 또 어떤 상황에서 활용해야 할까요?

해답을 장황하게 열거하면서 쓰더라도 이미지를 떠올리기가 쉽지 않을 것 같네요. 일단, 내 일이라고 생각해보는 것도 어렵다고 봅니다.

그래서 책을 통해 그 입버릇들을 하나의 이야기로 엮어서 설명해보려 합니다. 이 이야기를 읽어가는 사이에 여러분도 도요타의 생각법을 조금씩 이해할 수 있을 것입니다. 도요타의 '스스로 생각하는 힘'에는 어떠한 비법이 있는지 함께 알아보도록 하겠습니다.

차례

제4장 **진짜 이유를 파고드는 생각
본질을 어떻게 꿰뚫어볼 것인가**

오노 쇼타 (영업 1팀)

8년째 평사원, 소심하고 둔한 성격
매번 저조한 실적으로 지적받는다.
화장실에서 푸념하는 게 특기다.

에비나 미카 (영업 1팀 팀장)

할 말은 다 하고 똑 부러지는 성격
능력 있고 예리한 관점의 소유자다.
하지만, 팀원들과는 '외딴섬'처럼 거리를 둔다.

자마 씨 (운영팀 팀장)

귀찮은 건 딱 질색인 성격
쇼타에게 질척대지만 능력만은 출중하다.
쇼타가 어려움에 처하면 '뚝딱' 하고 해결해준다.

긴조 이사 (영업총괄 이사)

전 도요타자동차 현장총괄 븐부장

항상 갈색 점퍼를 입고 어디서나 나타난다.

쇼타가 문제에 처하는 걸 즐긴다.

우에다 히로유키 (영업 2팀 팀장)

쇼타 혼자만의 라이벌

아이디어 99.99퍼센트의 채택률을 자랑한다.

신입사원 때부터 인정받으며 엘리트 사원 코스를 밟고 있다.

안경남 (운영팀 팀원)

성격, 취향 미스터리

무뚝뚝한 성격이지만 조용하게 쇼타를 도와준다.

신선한 아이디어로 한 번씩 결정적 역할을 한다.

유키 씨 (카페 '나렛지'의 아르바이트 생)

밝고 친절한 성격

쇼타의 짝사랑녀이자,

업무에 지친 쇼타의 마음의 안식처다.

성과를 어떻게 올리는가

정리·정돈에서 업무 프로세스 효율화까지,
낭비를 줄여 생산성을 높이기 위한 생각법이란?

스스로 더 편해질 수 있도록
작업·설비·공정을 개선해나간다

직접 생각해보는 힌트

1. 불필요한 동작을 줄인다

2. 부가가치를 창출하는 일의 비중을 높인다

3. 자신의 지혜를 보탠다

01

시간은 동작의 그림자다

외부 청소업체 사람: 일생일대의 착각

나는 조바심이 났다.

모처럼 만에 아침 일찍 회사에 나와, 서버컴퓨터 계약서를 작성하고 있다.

끈기 있게 3개월이나 버텼고 이번 달에 간신히 5대를 계약할 수 있게 되었다. 오늘 안에 계약서를 보내야 하는데, 어젯밤까지 아무것도 해놓지 않은 상태였다.

잊고 있었던 것은 아니다. 다른 건을 처리하느라 시간을 내지 못했던 것이다. 한숨을 쉬며 창밖을 내다보니 옆 건물 창문에 아침 해가 반사되어 반짝이고 있었다. 평상시 볼 수 없었던 낯선 풍경에 나는 잠시나마 조바심을 잊을 수 있었다.

다시 서류를 챙겨보며 수입인지를 붙이려고 책상서랍을 열었다. 그런데, 수입인지가 보이지 않는다. 도대체 내가 수입인지를 어디에 두었지? 서랍이 아니라면 클리어파일에 넣어 서류 위에 놔두었을 거 같은데….

책상 위에 높게 쌓여있는 서류뭉치에 손을 대려고 한 순간, 등 뒤에서 낮은 목소리가 들렸다.

"이렇게 이른 아침부터 일을 하다니, 대단한데!"

순간 나도 모르게 내 어깨가 위로 조금 솟구치는 것을 느꼈다.

깜짝 놀라 뒤를 돌아보니 양복 위에 점퍼를 걸쳐 입은 50세 전후의 남자가 치아를 드러내고 서있었다. 누구지, 이 점퍼 입은 사람은?

턱수염을 잘 정리한 깔끔한 스타일이지만 이 시간에 점퍼 차림으로 회사에 있다면 아마도 외부 업체 사람일 것이다. 내가 얼핏 시선을 아래로 떨어뜨리자, 손에 대걸레를 들고 있는 것이 보였다. 역시 외부 청소업체 사람이잖아. 그래도 기분 좋게 인사를 해두는 것이 좋겠다고 생각했다.

"아뇨, 일이 있는 건 아니고요, 좀 찾을 물건이 있어서요."

"찾을 물건?"

점퍼를 입은 그 사람은 미간을 찌푸렸다. 그리고 대걸레를 벽에 세우더니 오른손으로 턱수염을 천천히 쓰다듬었다.

"혹시 '물건을 찾지 마라, 대신 물건을 집어 들어라'는 말을 알고 있나?"

"예?" 뭐지, 이 점퍼 입은 사람은? 당황한 나는 "아니요"라고 대답했다.

그러자 그 사람이 미소를 띤 채 손가락으로 내 책상을 가리키며 말했다.

"아무래도 자네가 하는 일에 그렇게 많은 자료가 필요할 것 같지 않은데."

생각지도 못한 그의 말에 나는 당황했지만, 어쨌든 눈앞에 놓인 자료를 집어 들었다. 이것들은 분명 전부터 버리려했던 회의 자료였다.

"그럼 이것들을 버려주시겠어요?"

조금은 퉁명스러운 말투로 이렇게 말하며 자료를 내밀었다. 그러자 그 사람은 자료를 받고 살짝 미소를 지으며 "알겠습니다"라고 대답한 뒤, 대걸레를 챙겨 그 자리를 떴다.

청소업체 사람에게 일과 관련해서 지적을 당하다니, 아침부터 정말 재수가 없다고 생각했다.

무사히 수입인지를 찾아 서류를 완성시킨 다음 화장실로 갔다. 예전부터 나는 싫은 일이 생기면 화장실에 가서 안정을 취했다. 어쩌면 물과 함께 흘려버리고 싶은 마음이 있어서 그러는지도 모른다. 문을 닫고 변기에 앉아 머리를 두 손으로 감싸 쥐었다.

어젯밤에도 늦게까지 업무를 처리했지만 일은 끝나지 않는다. 오늘 아침에도 서둘러 일찍 출근할 수밖에 없었고, 사적인 시간도 업무 때문에 자꾸만 줄어만 간다. 그렇다고 급여가 엄청나게 높은 것도 결코 아니다. 팀장이 되지 않으면 승급도 없고, 아직 그런 통보를 받지도 못했다. 동기인 우에다가 작년에 팀장이 되면서 차이가 눈에 띄게 벌어졌다.

이제는 청소하는 아저씨한테까지 설교를 듣다니…. 정말 이렇게 일해도 괜찮은 것일까?

나는 자문자답을 한바탕하고 나서 물을 내렸다. 조금 개운해지자 자리로 돌아갔다. 창문으로 들어오는 아침 해가 성가시게 느껴졌다.

새로운 이사의 등장: 불필요한 동작을 줄여라

잠시 시간이 지나자 사무실 입구가 북적거리기 시작했다.

"쇼타, 좋은 아침!" 미카 씨이다. 톤이 높은 목소리가 사무실에 울려 퍼진다. 긴 머리를 흩뜨리며 핸드백을 책상 위에 쿵! 하고 올려놓더니 의자에 앉았다.

"좋은 아침입니다."

문득 주위를 둘러보니 미카 씨를 비롯한 팀원 모두가 출근해 있었다.

"쇼타가 나보다 먼저 출근하다니, 신기한 날이네. 해가 서쪽에서 뜰지도 모르겠는 걸."

컴퓨터를 켜면서 아침부터 신경을 건드는 말을 한다. 아니다. 미카 씨는 언제나 '예리'하다.

일을 시작하는 9시를 기다리지 못하고 마치다 부장의 굵은 목소리가 사무실에 울려 퍼진다.

"자! 아침 조례를 시작합니다."

사무실 내 모두가 자리에서 일어났다. 킹컴퓨터 본사 5층에는 영업본부 사무실이 있고, 마치다 부장은 그곳을 책임지고 있었다.

항상 하던 대로 오늘 부서의 일정과 연락 사항을 특유의 굵은 목소리로 전달한 마치다 부장은, "오늘은 특별히 여러분에게 추가로 할 말이 있습니다"라고 덧붙였다.

그 순간 나는 왠지 좋지 않은 느낌이 들었다. 마치다 부장은 불안해하는 나의 기분은 아랑곳하지 않고 이야기를 이어갔다.

"우리 킹컴퓨터는 그동안 크라우드 서비스의 확대에 힘입어 서버 판매를 늘릴 수 있었습니다. 그러나 시장의 수요는 늘어나고 있는데도, 최근 몇 년 사이 성장이 정체되었습니다. 이는 다른 그 무엇보다도 영업력이 부족하기 때문입니다."

사무실 분위기가 갑자기 고요해졌다.

"앞으로 킹컴퓨터의 과제는 영업력 강화입니다. 이는 사장님의 판단이기도 합니다. 따라서 며칠 전부터 인트라넷을 통해 알려드린 바와 같이 새로운 영업총괄 임원이 부임하셨습니다."

바로 그때 사무실 문이 열리면서 양복 위에 감색 점퍼를 걸쳐 입은 사람이 들어왔다.

"저 점퍼 입은 사람…." 나는 순간 숨이 멎었다.

"새로 취임한 긴조 이사입니다." 그 사람이 가볍게 인사를 했다. 그때부터 마치다 부장의 이야기가 귀에 들어오지 않았다. 하지만 도요타자동차에서 현장을 총괄하는 본부장이었다는 말은 기억난다.

"우리들의 영업현장을 보고 지도해주실 계획입니다. 그럼 긴조 이사님, 한말씀 부탁드립니다."

점퍼를 걸쳐 입은 사람, 아니 이사님이 다시 가볍게 인사를 하고 이야기를 시작했다.

"오늘부터 여러분과 함께 일하게 된 긴조입니다. 일단은 여러분의 활동을 꼼꼼하게 살펴볼 예정입니다. 아무쪼록 잘 봐주십시오."

"잘 부탁드립니다!" 모든 영업본부 직원이 기운차게 목소리를 냈지만 나는 입을 떡 벌린 채 아무 말도 할 수 없었다.

"저 사람, 새로 부임한 이사였구나…." 오늘 아침의 있었던 일이 떠오르며, 이마에 땀이 배어나오기 시작했다.

조례가 끝나고 긴조 이사가 나와 눈을 마주쳤다. 그러자 긴조 이사는 살짝 미소를 지어 보였다. 이마의 땀은 방울이 되어 관자놀이를 흘러 떨어지고 있었다.

나는 멍하니 자리에 앉았다. 그러자 미카 씨가 옆에서 얼굴을 내밀며 말을 건다.

"왜 그래, 얼굴이 파래졌는데."

"아, 아니요, '저 사람이 이사였구나'라고 생각했습니다." 나는 당황해서 이마의 땀을 손으로 닦았다.

"저 사람이라니, 인트라넷에 사진도 올라와있었잖아."

그랬구나…. "죄송합니다, 못 봤습니다."

미카 씨는 가볍게 혀를 차며 입을 연다. "쇼타, 예전부터 둔한 것은 알았는데 말이야. 그렇다고 저 사람이 이사인데 왜 쇼타 얼굴이 파래져야 하는데?"

"아니요, 오늘 아침에 잠깐 서로 이야기를 나누었거든요." 눈동자가 흔들리는 것을 나 스스로도 느낄 수 있었다.

"이야기를 했다고? 쇼타 씨 설마 뭔가 실례가 되는 말을 한 건 아니겠지? 마음에 걸리는 일이 있으면 사과를 드리는 게 좋지 않을까? 나한테까지 불똥이 튀면 골치 아파지니까."

"아, 예."

나는 미카 씨가 말하는 대로 정말 용서를 구하러 갈 생각이었다. 청소하는 아저씨라고 생각하고 쓰레기까지 줬으니 분명 화가 났으리라 생각했다.

총무부 담당자에게 이사님이 계신 곳을 물었더니, 8층에 사장님이 준비해준 임원실에 있는 것 같았다. 나는 남은 잡무를 정리하고 살짝 8층으로 갔다.

승강기에서 내려 복도를 걸어가니 정면에 중후한 문이 보였다. 문 위에는 '임원실'이라고 적힌 은색 플레이트가 붙어있었다.

나무로 만들어진 문을 조심조심 노크를 하자, 안에서 "들어오세요"라는 말이 들렸다. 긴조 이사의 목소리였다. "실례합니다"라고 말하며 문을 열자, 긴조 이사가 놀란 표정으로 이쪽을 응시했다.

"저, 오늘 아침에는 실례했습니다. 임원이시라는 것을 몰랐습니다."

"아! 오늘 아침에 만났던 친구군. 그래 여기와 앉지. 내 이야기도 마무리를 못 했었으니까."

긴조 이사는 밝은 표정으로 소파를 손으로 가리켰다.

갈색 가죽이 입혀진 커다란 소파에 천천히 앉으며 주위를 둘러봤다. 물건이 거의 놓이지 않은 책상 끝에 '좋은 제품, 좋은 생각'이라고 쓰인 액자가 세워져있었다. 긴조 이사가 맞은편 소파에 자리를 잡고 앉았다.

"그런데 자네, 이름은 뭔가? 언제 입사했지?"

"네, 오노 쇼타라고 합니다. 입사한 지 8년 차입니다." 나는 등을 꼿꼿이 펴며 고쳐 앉았다.

"쇼타라고. 내가 아침에 말한 '물건을 찾지 마라'의 의미를 알고 있었나?"

"네? 네!" 나는 적당히 맞장구를 쳤다.

"그래, 어떻게 행동으로 옮겼는지 말해주겠나?"

"아니요, 특별히 뭘 했다는 것은 아닙니다…." 이마에 새어나오는 땀을 닦으며 대답했다.

"그건 알았다고 말할 수 없는 거야. 알았다는 것은 '행동에 옮김으로써 비로소 이해했다'는 뜻이니까." 이사의 낮은 목소리가 방 안을 가득히 에워쌌고, 나는 바로 위축되고 말았다.

"죄송합니다."

"물건을 찾는 것은 허비하는 동작이네. 낭비를 없애기 위해서는 찾는 것이 아니라 '**물건을 집어 드는**' 수준으로까지 움직임을 줄여야 하네. 그렇게 하지 않으면 일을 하기 위한 시간을 만들어 낼 수 없네."

'시간'이구나. 분명히 일을 하면서 허비하는 시간이 많지만 얼마나 낭비하는지 자각한 적도 없고, 자각하는 것도 겁이 나기도 했다.

긴조 이사는 자리에서 일어나 발밑을 손가락으로 가리키며 입을 열었다.

"**시간은 동작의 그림자라네, 쇼타 씨.**"

"시간은, 동작의 그림자?"

"그래, 쓸데없는 동작을 할수록 낭비하는 시간이 생기지. 그만큼 개선활동이나 가치를 제공하는 활동인 '일'하는 시간이 줄어드는 거야. 그렇기 때문에 **어떻게 하면 일을 하면서 낭비하는 동작을 하지 않을 수 있는지**, 그것을 깊이 생각해야 하는 거야."

일을 한다는 것은 개선하거나 가치 제공을 하기 위한 활동이구나. 따라서 허비하는 동작을 줄이지 않으면 안 된다는 거구나.

뭔가 알 듯 모를 듯 했다.

"이해했…, 곧바로 실천하도록 하겠습니다." 나는 허둥지둥 고쳐 말했다.

"그래, 바로 그렇게 하면 되는 거네. 확실히 기억해두게나."

이사는 자신의 의자로 돌아가는 듯 하더니 갑자기 뒤를 돌아봤다.

"그런데 자네 여기에는 왜 왔던 거지?"

"네, 사과를 드리러 왔습니다. 오늘 아침 실례를 범한 것 같아서요." 나는 엉겹결에 일어서서 말했다.

"아! 맞아 그 일 말인데,"

긴조 이사는 내 눈을 응시하며 멈춰 서서 천천히 입을 열었다.

"자네는 해고일세."

순간 내 몸은 뻣뻣하게 굳어버렸다.

02

열심히 한다는 것은
땀을 많이 흘리는 것이 아니다

조건부 해고 통보

: 하나님, 부처님, 긴조 이사님!

"해, 해고라고요?"

시간이 조금 지나고 나서야, 나는 겨우 말을 할 수 있었다.

"내가 이사로 취임한다는 사실은 이미 인트라넷을 통해 공지한 것으로 알고 있는데. 그런데 쇼타 씨는 그 사실조차 모르고 있었고, 터무니없는 실례를 범했어. 그리고 물건을 찾는 것이 낭비라는 것을 이해하지 못하고 있었어. 신입 직원이라면 몰라도, 벌써 입사 8년 차인 직원이…. 자네와 같은 생각을 가진 직원은 킹컴퓨터에 필요 없어. 급하게 처리해서 미안하네만, 사장에게 해고를 부탁할 수밖에 없을 것 같네.”

“아니, 너무하신 것 아닌가요?”

내 머릿 속은 이미 패닉상태였다. ‘해고된다’는 것은 다음 달부터 월급이 안 나오는 것 아닌가. 그렇지, 회사 사정으로 해고가 되는 경우는 실업급여가 바로 나오는 것으로 알고 있다. 아니다, 회사 사정이든 개인 사정이든 상곤없다. 어떻게든 해고만은 면해야 한다.

“정말 잘못했습니다. 어떻게 안 되겠습니까?” 나는 두 손을 모아 신에게 기도하듯이 행동했다. 하느님, 부처님, 긴조 이사님!

긴조 이사는 잠시 침묵하더니 천천히 입을 열었다.

“알았네. 단 조건이 있어. 해고가 싫으면 내가 말하는 대로 할 수 있겠나?”

“물, 물론입니다. 뭐든지 하겠습니다.”

내가 고개를 위아래로 흔들며 대답하자, 이사는 턱수염을 쓰다듬으며 끄덕끄덕 수긍했다.

“부르시면 곧바로 이 방으로 달려오겠습니다.” 내가 그렇게 말을 덧붙이자, 이사는 "아니, 이 방은 이제 사용하지 않을 걸세"
라고 했다.

"예?"

"음, 앞으로 차차 이야기할 기회가 있을 거야." 뭔가 숨은 뜻
이 있는 듯한 말투였다. 나는 "알겠습니다"라고 대답할 수밖에
없었다.

방을 나오면서 인사를 하자, 긴조 이사는 당당한 미소를 지어
보였다. 그 미소가 무엇을 뜻하는 것인지, 그때는 전혀 알지 못
했다.

잘못된 상식의 붕괴
: 열심히 하는 것 $1/\infty$ 생산물의 가치

그로부터 일주일 동안 바쁜 날들이 연속되었다. 영업 담당자
들은 늘 그렇듯이 기말 결산을 앞두고 수주를 늘리기 위해 분주
하게 움직인다. 그러고 나면 늘어난 납품 건수에 따른 사무 처리
에 쫓기기 마련이다.

긴조 이사가 말한 대로 낭비되는 움직임을 하지 않겠다고 의
식하며 주변의 환경을 개선하려고 했다. 하지만 해야 할 일이 워

낙 많아 여전히 바쁘다고 생각했다. 마지막 전철시간을 의식해야만 하는 날이 늘어갔다.

그 일 이후 긴조 이사와는 특별히 이야기를 나누지는 않았다. 다만 얼굴을 자주 보게 되었다. 긴조 이사의 자리가 같은 층으로 옮겨왔기 때문이다. 일부러 훌륭한 임원실을 사장이 마련해주었는데도, 본인 요청으로 영업본부가 있는 층으로 옮긴 것이다. 원래 임원실은 창고가 된 것 같았다. 아, 그때 "이제 이 방은 사용하지 않을 거네"라고 했던 것이 그런 뜻이었구나.

그날도 사무 처리를 하며 책상에 앉아있었다. 해가 길어지기는 했지만 밖은 이미 어두워졌다. 사무실에는 퇴근하는 사람이 늘어나고 있었다. 갑자기 등 뒤에서 전에 들어본 낮은 목소리가 들렸다. "쇼타 씨, 요즘은 어떤가?" 긴조 이사다. 뒤를 돌아보자 변함없이 점퍼 차림으로 미소를 머금고 서있었다.

"네, 긴조 이사님. 덕분에, 열심히 하고 있습니다."

"열심히 한다고? 어떻게?" 그는 턱수염을 쓰다듬으며 미간을 찌푸렸다.

"아, 네, 업무량이 너무 많습니다. 하야 할 일이 너무 많아 이번 주는 계속 일에 치여 살고 있습니다. 덕분에 허리까지 아픕니다." 나는 허리를 문지르며 지금 내가 처한 상황을 전달했다.

"쇼타 씨, 생산성을 높여야겠다는 생각은 안 하나?" 이사는 턱수염을 쓰다듬으며 담담한 말투로 질문을 해온다.

"그러니까, 열심히 해서 생산성을 높이려고 하…." 한숨 섞인 내 목소리를 말끔하게 지우기라도 하듯, 이사의 분명하고 또렷한 말이 이어진다.

"아니, 아니야. '생산성이 높다'는 것은 '열심히 한다'는 것과는 달라. **'열심히 하지 않았는데도 생산물의 가치가 높다'**고 하는 것이 맞는 거야.

"그래도 이사님, 생산물의 가치를 높이려면 땀을 흘릴 필요도 있는 거 아닌가요?" 내가 되묻자, 이사는 검지를 치켜세웠다.

"열심히 한다는 것은 땀을 흘리는 것이 아니네. **어떻게 하면 열심히 하지 않아도 생산물의 가치를 높일 수 있을까?** 이것이 중요해. 일본의 고도경제성장기에는 아침 일찍부터 밤 늦게까지 회사에 있으면 '열심히 일하는 사람'으로 불릴 수 있었어. 모두가 남아있으면 그중에는 일이 없어도 어쩔 수 없이 잔업에 참여했던 사람도 많았을 거야. 그런데 잘 생각해보게. 그런 사람들을 정말 '열심히 하는 사람'이라고 할 수 있겠나?"

나는 아무 말도 할 수 없었다. 대신 긴조 이사가 거침없이 말을 이어갔다.

"잠깐 따라와보게."

나는 펜을 손에 쥔 채 엘리베이터를 타고 1층으로 따라 내려갔다. 아무도 없는 안내데스크 앞을 지나 빌딩 밖으로 나왔다. 어디로 데리고 가는지 영문도 모른 채 나는 두려워하며 그냥 뒤를 따라갈 뿐이었다. 조금 걷다가 이사는 뒤를 돌아봤다. "이걸 보게!" 손가락이 가리킨 곳에는 킹컴퓨터가 입주해 있는 빌딩이 우뚝 서있었다. 자세히 보니, 거의 모든 창문에 불이 켜져있었다. 시계는 벌써 밤 9시를 넘어서고 있었는데….

"이건 원래 쇼타 씨에게만 할 이야기는 아니야. 사실은 킹컴퓨터 모두에게, 아니 일본 기업들 모두에게 해야 할 말이거든. 그렇지만 한 사람 한 사람의 의식이 바뀌지 않으면 회사도 바뀌지 않는 법이지. 그러니까 우선 쇼타 씨에게 말을 해두는 걸세."

긴조 이사가 내 눈을 똑바로 바라보며 전해주는 말 하나하나에 나는 적지 않은 충격을 받았다. 그리고 왠지 모르겠지만 이상한 기분이 들었다.

입사 후 줄곧 '상식'이라고 생각했던 것이 이사에 의해 모조리 뒤바뀌고 있기 때문이었다.

"스스로 그럴 생각이 아니더라도 낭비하는 시간은 많기 마련이지. 내가 있었던 도요타에서는 부가가치를 창출하지 않는 모든 움직임을 모두 낭비라고 생각한다네. 게다가 낭비를 생략해서 **부가가치를 창출하는 일의 비율을 높여, 인간만이 할 수 있는 일을 할 수 있도록** 개선활동을 반복해오고 있지."

“인간만이 할 수 있는 일….” 내가 내뱉은 말이 공중으로 날아갔다.

이사는 “자, 그럼!”하며 손을 들더니, 어두운 가로수길로 사라져갔다. 나는 빌딩에 켜져있는 창문 속 불빛을 바라보았다.

우리 회사는 잔업을 하면 잔업수당이 나온다. 그 수당을 받기 위해 남아있는 사람도 적지 않을 것이다. 선배 직원 몇 명이 “잔업수당이 없으면 대출금을 갚을 수 없다”고 투덜거리는 걸 보기도 했다.

오랜 시간 근무하는 것은 높은 급여의 이유가 될 수 없다. 사람들은 장시간 일해도 성과가 나오지 않으면, ‘더 열심히 해야지’라고 생각한다. 그렇지만 이사의 말대로라면 ‘일을 하고 있다’고 생각하지만 실제로는 적지 않은 낭비가 이루어지는 셈이다.

자, 그렇다면, 그 낭비를 하나씩 없애나가면 더 짧은 시간에 더 큰 성과를 올릴 수 있지 않을까?

문득 나는 손에 쥐고 있었던 펜을 떠올렸다.

그래, 하고 있는 일들을 한번 빠짐없이 적어보면 어떨까? 그 안에서 어떤 게 낭비되는지 확인해보면 어떨까? 그리고 어떻게 낭비를 없앨 것인지 생각해보자.

나는 왠지 한 발짝 앞으로 나아간 듯했다. 그런데 어렵게 내딛은 그 한 발 덕에 구원받으리라고는 생각지도 못했다.

인간의 뇌는 곤란한 상황에 처해야만
지혜를 발휘한다

곤란한 상황 발생: 한밤중 서버 다운

그날은 아침부터 비가 내렸다. 맑지 않은 날씨 탓인지 아침부터 내 머리도 맑지 않았다. 하지만 아침 일찍 걸려온 고객으로부터의 전화로 정신이 번쩍 들었다.

"회사 서버가 작동을 하지 않는데요!"

그 고객은 내가 담당하고 있는 가구 인터넷 통신판매업체인 '가구컴'의 직원이었다. 한밤중에 서버가 다운이 돼서 아침부터 고객들의 문의전화가 빗발치고 있는 것 같았다.

"빨리 복구해주셔야 할 것 같습니다!" 다급하고 날카로운 목소리가 귀에 꽂힌다. 나는 "곧 대응하겠습니다!"라고 말한 뒤 전화를 끊었다.

킹컴퓨터는 서버를 파는 것만이 아니라 애프터서비스도 옵션으로 제공하고 있다. 장애가 발견되면 곧바로 회사 운영팀이 찾아내 고객에게 연락을 한다. 그리고 동시에 장애 복구 대응을 한다.

하지만 좀 전에 있었던 고객의 전화에 따르면 이번에는 아무런 연락을 받지 못했다고 한다. 그것이 사실이라면 감시 서비스가 제 기능을 못 하고 있다는 것이다. 나는 바로 운영팀으로 향했다.

운영팀의 인력 부족: 긴 머리 그 남자

아래층에 있는 운영팀에 도착하자, 영업본부와는 달리 묘하게 조용했다. 보이는 곳마다 자료가 수북하게 쌓인 광경이 마치 신문사나 출판사에 온 느낌마저 들었다. 사무실 한구석에 컴퓨터 모니터를 멍하니 들여다보고 있는 흐트러진 긴 머리의 남성이 있다. 팀장인 자마 씨이다. 나는 달려가면서 말을 걸었다.

"자마 씨, 가구컴 서버가 다운됐다는데요."

자마 씨는 목만 이쪽으로 돌리고 긴 앞머리 사이로 눈을 드러내며 말한다.

"정말이에요?" 그리고는 작은 목소리로 "꼭 하필 이럴 때…"라고 말을 흘린다.

나는 자마 씨의 작은 목소리는 듣지 않은 것으로 하고, "죄송합니다. 바로 복구작업을 해주셔야 할 것 같습니다"라고 연달아 전달했다.

"쯧!"이라고 분명하게 들릴 정도로 혀를 찬 자마 씨는 "알았어요"라고 말을 이어갔다.

느릿하게 자리에서 일어나 조금 떨어진 장소의 모니터 앞에 앉아 키보드를 두드리기 시작했다. 확실하게는 잘 모르지만 원격으로 가구컴의 서버에 접속하고 있는 것 같았다. 곧이어 지시어 커맨드를 입력하는 키보드 소리가 사무실에 울려 퍼졌다.

10분 정도 지나서 자마 씨는 손을 멈추고 "우선 복구했어요. 많이 기다렸죠?"라고 말했다. 나는 곧바로 가까이에 있는 전화기를 이용해 가구컴에 연락을 시도했다.

"많이 기다리셨습니다. 지금 막 복구했습니다. 확인 부탁드립니다."

잠깐 동안 말이 없다가 담당자가 "아, 고쳐졌네요"라고 했다.

"대단히 죄송합니다"라고 다시 한 번 사과를 했지만, 곧바로 가구컴 담당자는 기세등등하게 불만을 토로하기 시작한다.

"정말 이러면 곤란해요. 기회 손실이 너무 큰 거 아시잖아요. 뭔가 장애가 있으면 바로 연락하기로 되어있지 않았나요? 정말이지 몇 번씩이나."

"정말 죄송합니다. 앞으로 이런 일이 없도록 주의하겠습니다."

"주의하겠다고? 당연한 거 아닙니까! 또다시 이런 일이 생기면 그땐 바로 다른 회사로 바꿔버릴 거에요!"라는 말이 끝나기도 전에 짤가닥하고 전화가 끊겨버렸다.

나는 조금 전보다 무겁게 느껴지는 수화기를 천천히 원래 자리에 내려놓았다. 다소 불안이 가서 마음이 놓이기는 했지만 자마 씨에게 따지고 들었다.

"왜 미리 알아차리지 못했나요?"

"응, 사람이 없어서요. 어제 교대근무에 문제가 생겨 자리를 비웠거든요."

자마 씨는 나의 눈을 피하려 모니터만 응시한 채 담담하게 대답한다.

"사람이 없을 때 꼭 그런 일이 생기니, 정말 운이 없어요."

"인력을 늘릴 계획은 없나요?"

나는 내 말투가 점점 강해지는 것을 느꼈다.

"응, 인사부에도 말해두었는데, 아시잖아요. 우리 부서는 야근을 해야 돼요. 요즘 젊은 사람들은 그런 거 싫어해서 채용이 잘 안 되고 있어요. 그래요 오노 씨, 당신이 좀 도와주면 되겠네요. 주변에 씩씩한 후배 없어요? 사람 좀 소개해봐요."

"아니요, 저는 그런 사람 없습니다." 나는 퉁명스럽게 말했다.

자마 씨가 앞머리 사이로 날카롭게 노려보는 것을 확인할 수 있었다.

"쯧!" 하고 혀를 차는 소리를 내더니 "이봐요, 오노 씨! 판매한 건 당신이니까 당신이 어떻게든 해봐요." 자마 씨의 다그치는 태도에 나는 압도되고 말았다. 나는 반론할 수 없었다.

할 수 없이 "실례했습니다"라고 말하며 머리를 숙이고, 그 자리를 떴다.

지혜의 필요성: 해우소와 자동문

내가 곧바로 향한 곳은 화장실이었다. 즉각 문을 닫고 들어가 변기에 앉았다.

"이게 뭐야, 정말. 내 탓도 아닌데 고객에게는 혼나고 자마 씨에게까지 시달리고. 인력충원을 왜 내가 생각해야 하는 거야. 뭐라고? 젊은 사람을 소개하라고?”

한바탕 투덜대다가 물을 내렸다. 문을 열고 나오자 세면대에서 손을 씻고 있는 남자가 있었다. 본 기억이 있는 점퍼 차림이라고 생각했더니, 긴조 이사였다.

“어, 쇼타 씨. 수고가 많네. 많이 야윈 것 같은데.”

손수건으로 손을 닦으면서 거울을 보며 말을 걸어온다.

“수고하십니다.” 한숨 섞인 말투로 그렇게 말하고, 나는 서버 장애가 발생한 일과 고객에게 연락이 가지 않은 사실을 이야기했다. 이 사람이라면 어떻게든 해줄지 모른다는 기대를 안고서 말이다.

이야기가 끝나자, 긴조 이사는 손수건을 점퍼 주머니에 넣으면서 낮은 목소리로 말했다.

“아, 그런 일이 있었군. 그래, 어떻게 할 생각인가?”

나는 지체 없이 바로 질문했다. “어떻게 하면 좋을까요?”

“이봐, 이봐, 갑자기 물어보면 안 되지.”

긴조 이사는 양손을 옆으로 벌리면서 쓴웃음을 지어보였다.

“그래도 이 상황은 어떻게든 하지 않으면 안 됩니다.”

“그렇다면 고심이 좀 필요하겠는 걸.”

“고심을 해야 한다고요?” 예상하지 못한 조언에 목소리의 톤이 높아졌다.

"응, 더욱더 고심해야 해."

"무슨 뜻인가요?" 긴조 이사가 단지 심술을 부리는 것 같았다.

"지혜를 내기 위해서야. **인간의 뇌는 곤란한 상황에 처해야만 지혜를 발휘할 수 있네.** 자네가 곤란할수록 지혜를 내기 쉬워질 거야. 그러니까 맘껏 고심하는 게 좋아."

그렇게 말을 하면서 긴조 이사는 화장실 밖으로 나갔다.

"고심을 하라고? 그런 무책임한…."

아이디어 설득 과정: 귀차니즘 자마 씨

사무실로 돌아가면서 나는 생각했다. 자마 씨가 말한 대로 누군가가 인재를 소개하면 될까? 그렇지간 그 사람이 이번처럼 교대근무를 제대로 하지 않으면 의미가 없다. 그럼 운영팀이 교대근무를 제대로 할 수 있는 방법을 생각해내야 할까? 그런데 그런 생각을 왜 내가 해야 하지? 내겐 다른 일이 있잖아.

이런저런 생각을 하면서 걷고 있는데 갑자기 '쿵!' 하는 소리와 함께 눈앞에 별이 왔다 갔다 한다. 열릴 것이라고 생각했던 자동문이 열리지 않아 문 유리를 들이받은 것이다.

“아~ 아파….” 관자놀이 주변에 통증을 느끼며 눈을 뜨고 보니 자동문 왼쪽에 ‘강풍으로 인해 이쪽 문은 폐쇄합니다’라고 쓰여진 벽보가 붙어있었다. 자동문이 자동으로 열리지 않다니!

“자동으로 열리니까 자동문이라고 하는 거 아닌가, 정말….” 나도 모르게 푸념을 한다. 오늘은 하루 종일 넋두리만 하는 날인가 보다.

“자동?” 문득 생각했다. “그래 서버의 운영 감시도 자동으로 하면 되잖아. 사람을 고용할 일이 아니잖아.”

나는 종종걸음으로 자리로 돌아가 곧바로 인터넷을 검색했다. 서버를 감시하는 툴은 수없이 많았다. 기능은 많지 않지만 무료인 툴도 있고, 유료더라도 그다지 큰 비용이 들어가는 것도 아니다. 이렇게 하면 될 수도 있을 것 같은데….

며칠 후 나는 운영팀을 찾아갔다. 또다시 자마 씨에게 미움을 살지 모른다고 생각하면서 “제안할 것이 있는데요”라고 말을 걸었다.

나는 인터넷 검색으로 찾아낸 감시 툴에 대한 자료를 보여주었다.

“툴을 이용해서 자동화한다고? 응, 이전에도 외부 업체 사람이 제안을 한 적이 있는데, 예산도 없고 새로운 것을 설정하기도 귀찮아서 거절했어요.” 그렇게 말하면서 미간을 찌푸린 자마 씨에게 나는 설명을 계속했다. 비용도 적고, 도입작업도 그다지 부담이 없고, 툴 이용으로 이전과 같은 실수도 막을 수 있다는 등의 내용을 전달했다.

"처음에만 조금 번거로울 뿐입니다. 나중에는 분명히 편해질수 있으니까 설정하시는 게 어떠세요?"라는 말로 끝을 맺었다. 그랬더니 자마 씨는 내 열정에 압도되었는지 양손을 위로 들면서 말했다. "그렇게 해서 내가 편해지는 것이라면, 잘 알았어요."

04

자동화를 구축하라

해결책의 구체화 1: 자동화의 동働

긴조 이사에게는 내가 보고하기로 했다.

"이사님, 가구컴 건과 관련해서 드릴 말씀이 있습니다."

"해결책을 찾았나?"

이사는 키보드에 올려놓았던 손을 멈추고 나를 바라봤다.

"네, 감시를 자동으로 하기로 했습니다."

계속하라는 시선으로 재촉하는 이사를 향해 나는 다시 입을

열었다. 저비용으로 감시를 자동화할 수 있는 툴이 있다고 운영
팀에게도 설명했고, 이미 납득까지 시켰다고 했다. 그리고 끝으
로 "지혜를 짜낼 수 있어서, 고심한 것이 좋았다고 생각합니다"
라고 덧붙였다.

이사는 팔짱을 낀 채로 고개를 끄덕였지만, "나쁘지 않은 것
같은데, 그런데"라고 했다.

"'그런데' 라니요?"

"단지 툴을 도입하고 끝나는 것이 아니라, 자신의 지혜를 보
탤 필요가 있겠는데."

"지혜… 라고요?" 나는 움직임을 멈췄다. 긴조 이사는 다그치
며 말을 이어갔다.

"그래, 자신의 지혜를 보태지 않으던 자네는 결코 발전할 수
없네. **자신의 지혜를 보태야 비로소 일은 완성되는 거야.** 그렇기
때문에 툴을 도입하는 것만으로 만족하고 일을 끝내버려서는
안 되네."

"네." 나는 의기소침한 목소리로 대답했다.

"이것이 바로 도요타에서 말하는 '**자동화**自働化'지. 자동화의
'働'에는 '사람 인人' 변이 붙어있어."

이사는 메모장에 '자동화'라고 써서 보여주었다. '사람 인', 그
렇구나.

점심시간이 되자 빌딩 맞은편의 공원에서 삼각김밥을 먹으며 생각에 잠겼다.

지혜를 보태야 하는 거구나. 하지만 도대체 어떻게 해야 할까? 툴을 도입함으로써 한 건 마무리했다고 생각했는데 말이다.

공원에 설치된 시계를 보니 벌써 점심시간이 끝나가고 있었다. 생각에 잠기면 시간이 정말 빨리 흘러가는 것 같다.

"시간… 그렇구나!" 나는 좋은 생각을 떠올렸다.

곧장 운영팀으로 발길을 재촉했다. 자마 씨와 함께 3명의 직원이 작업을 하고 있다. 내가 나타난 것을 눈치챈 자마 씨가 말을 걸어온다.

"어! 오노 씨, 툴 주문하는 건 잘 되어가나요?"

"네, 문제없습니다." 나는 대답하면서 더 다가갔다.

"그런데 뭐하러 왔어요?"

"그냥 일하시는 모습을 좀 보고 싶어서요." 나는 이렇게 말하며 자마 씨로부터 등을 돌렸다.

"이상한 사람이네. 일하는 거 방해하지는 마요!" 자마 씨의 목소리를 뒤로 하고 다른 직원들의 모습을 볼 수 있는 곳으로 걸어갔다. 그리고 잠시 동안 상황을 물끄러미 지켜보았다.

해결책의 구체화 2
: 보고서의 노예, 안경남

　팀원 모두 보고서를 쓰는 것처럼 보였다. 화면에 다양한 그래프가 표시되어있었고 거기에 색을 입히거나 자료를 첨부하고 있었다.

　30분 정도 지난 뒤, 나는 얌전해 보이는 안경 쓴 남자 직원에게 말을 걸었다.

　"저, 여기선 뭘 만들고 있는 건가요?"

　"다음 주 보고서인데요." 직원은 이쪽을 살짝 바라보더니 억양 없이 대답했다.

　"음, 다음 주라고요? 그럼 매주 만드는 건가요?"

　직원의 얼굴에 '당연한 거 아닌가요'라고 하는 듯한 표정이 어렸다. 그는 다시 이렇게 말을 이었다.

　"네, 매일 쓰는 것도 있고 매달 작성하는 것도 있는데요."

　"그렇게나요?" 나도 모르게 큰 소리를 냈다. 그 순간 등 뒤에서 따가운 시선이 느껴졌다. 뒤를 돌아보자, 자마 씨가 이쪽을 매섭게 노려보고 있었다. 나는 당황해서 그쪽으로 가볍게 머리를 숙이고는 원래 자세로 돌아갔다.

　"이거, 하나만 받을 수 없을까요?"

"실제로 사용하는 것은 드릴 수 없습니다. 뭐 데이터 샘플이라면 드릴 수 있습니다만…."

들리는 말로는, 신규 고객이 "보고서를 보여달라"는 요청을 자주 하는 것 같고 그래서 보고서 샘플이 존재한다고 했다.

나는 그 자리에서 메일 주소를 알려주고 보고서 샘플을 받기로 했다.

그 후 툴 회사에 연락을 해서, 도입하기로 한 툴에 커스터마이즈(고객 맞춤 서비스)를 요청했다. 요청한 커스터마이즈는 바로 보고 관련 기능이었다. 원래부터 보고 관련 기능은 있었지만 킹컴퓨터의 보고 양식에 맞추도록 요청했다. 커스터마이즈 하는 데 드는 비용도 생각보다 낮아서 다행이었다.

이렇게 하면 운영팀이 매일 하는 보고서 작성도 거의 자동화할 수 있다. 원래 자동화되지 않았던 것을 우리 회사에 맞게 커스터마이즈 했으니, 그야말로 **'자동화'**했다고 말할 수 있을 것 같았다.

그로부터 3일 뒤, 커스터마이즈한 새로운 툴을 시현해볼 수 있었다. 곧바로 가구컴에도 설정하도록 했다. 출력되는 보고서를 보면서 안경 쓴 직원은 "이제 정말 편해지겠네요"라며 안경 안쪽에서 눈을 가늘게 떴다.

경위보고

: 인간만이 할 수 있는 일, 가치를 관들어내는 일

나는 의기양양하게 긴조 이사에게 경위를 보고했다.

"어떻게 그 보고서 작성 기능을 확충해야겠다고 생각했지?" 이사가 턱수염을 쓰다듬으며 물었다.

"운영팀이 어디에 시간을 많이 쓰는지 조사해야겠다고 생각했습니다. 그랬더니 일차, 주차, 월차 보고서를 작성하는 데 시간을 많이 뺏기고 있다고 판단했지요."

"그래서?"

"그 시간을 어떻게 하면 줄일 수 있을까 생각했습니다." 나는 숨도 쉬지 않고 단번에 말했다.

"나쁘지 않은 관점이네. 용케도 그 부분을 알아차렸군." 긴조 이사가 또다시 턱수염을 가볍게 쓰다듬었다.

"이전에 말씀해주신 '시간은 동작의 그림자'라는 말을 떠올렸습니다. 그래서 운영팀의 동작을 살펴봐야겠다고 생각했지요."

긴조 이사는 "그래, 잘 했네"라며 고거를 끄덕였다.

그날 저녁 퇴근길 전철 안에서 '사람 인人' 변에 대해 곰곰이 생각해봤다. 툴을 도입해서 시간을 줄일 수는 있지만, 어떤 부분에서 시간을 줄여야 하는지를 찾아내는 행위는 인간만이 할 수 있다. **'지금이 무엇을 위한 시간인지'**를 의식하는 것은 업무에 필요한 매우 중요한 생각 중 하나일 것이다.

문득 나는 이제야 '일을 했다'라는 기분이 들었다. 지금까지 느끼지 못했던 충실감이었다. 그런데 이와 함께 의문점도 떠올랐다. 그렇다면 지금까지 10년 가까이 내가 해온 건 뭐였지? 일이 아니었나?

그때 긴조 이사의 말이 뇌리를 스쳐 지나갔다.

"…가치를 만들어내는 것이 '일'이구나."

05

같은 실수를 반복해서는 안 된다

운영팀 정기 회의: 긴조 이사의 일침!

어느 날 오후, 자마 씨의 권유로 운영팀 정기 회의에 참석했다. 권유를 받을 때 마침 같은 자리에 있었던 이사도 "나도 참석해도 될까?"라고 참가를 희망했다. 당연히 임원의 회의 참석을 거절할 수도 없었다.

저녁 무렵에 열린 운영팀 회의는 조출하게 치러졌다.

회의에서는 툴 도입 이후, 업무 효율에 일정한 성과가 나타났다고 보고되었다.

"오노 쇼타 씨가 새로운 툴을 소개해줘서 도움이 되었습니다. 땡큐!"라고 말하며 자마 씨는 길게 드리워진 앞머리를 쓸어 올렸다.

긴조 이사 앞에서 칭찬을 받아 기분이 좋아진 나는 "아닙니다. 사람이 부족한 데다 서버 장애까지 발생해서 어려움이 많으셨지요"라고 운영팀 입장에서 말했다. 나도 천생 샐러리맨인가 보다.

"뭐, 우리에겐 익숙한 일이죠. 그런 일을 담당하는 부서이기도 하고. 전에도 이런 일이 있었고요."

자마 씨가 그렇게 말하자, 직원 몇 명이 "맞아, 그래요. 있었어요, 있었어"라면서 웃음소리가 번져나갔다. 갑자기 분위기가 부드러워졌다. 아니, 그런 듯 보였다.

곧 낮은 목소리가 끼어들어왔다. "잠깐만, 그건 아니지." 긴조 이사였다.

"전에도 그런 일이 있었다고 했나?"

회의실이 갑자기 아주 조용해졌다.

"전에도 그런 일이 있었는지 묻고 있질 않나?"

조용한 회의실에는 이사의 낮은 목소리만 울려 퍼졌다.

잠시 정적이 흘렀다. 하지만 나에게는 정말 길게 느껴졌다.

긴조 이사가 "누구라도 좋으니 대답을 해보세요"라고 낮은 목소리로 재촉했다. 모든 시선이 자마 씨 쪽으로 집중되었다. 자마 씨는 천천히 입을 열었다.

"사, 사실은 전에도 가구컴 서버의 장애가 발생했다는 것을 몰랐다가 나중에 지적을 받은 적이 있었습니다…. 그렇지만 그때 딱 한 번뿐이었습니다."

"왜 장애를 알아차리지 못했지요?"

"야간 담당 직원이 잠을 자는 바람에, 이른 아침에 가구컴에서 전화가 걸려와 알게 되었고요." 자마 씨의 목소리가 점점 애처롭게 들렸다.

"그래서?" 다시 긴조 이사의 낮은 목소리가 울려 퍼졌다.

"그, 그렇지만 사과하고 용서를 받았습니다."

이사가 턱수염을 쓰다듬고 나서 "흥" 하고 코웃음을 쳤다. 그러고는 숨을 깊게 들이마시는 소리가 들리는가 싶더니, 다시 천천히 말하기 시작했다.

"사과하고 용서를 받았다고 해서 넘어갈 일이 아니지요. 왜 똑같은 실수를 반복하는 거지?"

자마 씨는 고개를 숙인 채 가만히 있었다.

긴조 이사가 자리에서 일어섰다. 회의실에는 한층 더 긴장감이 감돌았다. 이사는 우리들 뒤쪽을 걸으면서 이렇게 말하기 시작했다.

"자네들 똑바로 들어. **같은 실수를 반복해서는 안 돼**. 일을 하다 보면 문제는 생기기 마련이야. 그렇지만 뭔가 문제가 생겼을 때는 **반드시 거기에 멈춰 서서 대책을 마련해야 해!** 같은 문제에 몇 번이고 부딪힌다는 것은 성장하지 않고 있다는 증거야. 그렇게 일하는 건 시간 낭비야. 제대로 일하고 있다고 말할 수도 없어. 더 적극적으로 머리를 써서 상황을 개선해야 해."

말을 끝낸 후 이사는 그대로 회의실을 나가버렸다.

우리는 조금 시간이 흐른 뒤에야 얼굴을 마주볼 수 있었다. 회의는 그럭저럭 끝났다. 회의실에서 나올 때, 자마 씨가 나를 보더니 이렇게 한 마디 던졌다.

"저 사람, 보통 사람이 아니야."

자기반성: 자동문의 역습!

툴을 도입하고 보고서 작성 기능까지 커스터마이즈했기 때문에 똑같은 사건은 아마 일어나지 않을 것이다. 그러나 아무런 대책도 강구하지 않으면 긴조 이사가 말한 대로 같은 실수를 몇 번이고 반복할 것이다.

“같은 실수를 반복하지 말라는 거구나.” 나는 지금까지 같은 실수를 몇 번이나 반복했을까? 그동안 운영팀처럼 실수한 것을 덮어버리거나, 실수하지 않은 것처럼 행동해왔다. 긴조 이사의 말은 나에게도 해당되는 것이었다.

생각해보면 지금까지 배워온 것도 그랬다. 실수를 했을 때는 늘 조언을 얻을 수 있었다. 그렇다면 그때와 똑같은 실수를 반복하지 말았어야 했다.

줄곧 이런 생각만 하고 있었더니 피곤해지기 시작했다. 나는 휴게실로 가서 캔녹차 하나를 샀다. 칸을 따서 한 모금 마신 다음 깊게 한숨을 내쉬었다.

창밖으로는 맞은편 빌딩이 보였다. 불이 켜진 곳도 많았다. 모두 정말 바빠서 저렇게 열심히 일하고 있는 것일까?

이전에 이사와 함께 밖에서 건물을 올려다봤던 기억이 났다. 그때 이사는 이런 말을 했다.

“열심히 한다는 것은 땀을 흘리는 것이 아니네. 어떻게 하면 열심히 하지 않아도 생산물의 가치를 높일 수 있을까? 이것이 중요해.”

요즘 며칠 사이에 열심히 일한다는 개념이 변한 것은 분명하다. 열심히 일한다는 것은 땀을 흘리는 것도, 시간을 들이는 것도 아니다. 어쩌면 ‘필사적으로 머리를 쓰는’ 것일지도 모른다.

이런 생각을 하면서 사무실로 돌아가려는 순간이었다.

"쿵!" 하는 소리와 함께 눈앞에 별이 보였다. 자동문에 또 부딪쳤다. 들고 있던 음료가 바지로 쏟아져 밑단까지 뚝뚝 떨어지고 있었다.

"에잇! 정말 또…"

이마를 만지며 이런 한심한 인간이 또 있을까 싶었다. 똑같은 실수를 반복해서는 안 된다면서! 나는 자동문이라는 기술을 그다지 과신하지 않는 편이 좋을지도 모르겠다.

06

대안도 없으면서 반대하지 마라

결함투성이 인간: 친절한 미카 씨와 함께

"뭐? 정말?" 미카 씨의 새된 목소리가 사무실에 울렸다.

조례가 끝나고 전날 있었던 자마 씨와의 일을 보고하자마자 미카 씨는 눈을 동그랗게 떴다.

"왜? 누구나 똑같은 실패를 반복하지 않나요? 나도 매일 아침 자명종 끄고 다시 잠들기도 하고." 그렇게 말하면서 미카 씨는 자명종 시계를 두드리는 몸짓을 했다. 그래서 항상 시간이 다 되어서야 출근하는 거구나, 이 사람.

"첫날부터 알아봤지만 그 이사는 어쩐지 별로였어. 턱수염도 왠지 위압감 느껴지고, 언제나 같은 점퍼 차림이고."

"뭐, 그러네요." 나는 쓴웃음을 지어 보였다.

미카 씨의 시선이 쓴웃음을 짓는 내 입가에 머물다가 책상 쪽으로 옮겨갔다.

"아, 그건 그렇고, 언제부터인가 쇼타 씨 책상 주변이 좀 깔끔해진 거 같은데?"

"네, 쓸데없는 동작을 줄이려면 주변을 좀 정리하는 게 좋을 것 같아서요."

그러자 미카 씨가 미간을 찌푸렸다.

"잠깐만, 비라도 내릴지 모르니까 이상한 소리 좀 그만해요. 그렇지 않아도 머지않아 장마가 시작될 텐데."

나는 내심 속이 상했지만 이렇게 반론했다. "개선하는 겁니다, 개선! 주변을 정리하니 일하는 속도도 좀 빨라진 것 같아요."

그러나 미카 씨는 오른쪽 눈썹을 올리며 반격했다. "글쎄, 책상 조금 깔끔하게 정리했다고 일이 빨라질까? 기분 탓 아니에요? 뭐, 스스로가 느려 터졌다는 걸 자각하고 있다는 건 나쁘지 않지만요."

또다시 당한 기분이었다. 미카 씨와 같이 있으면 마치 결함투성이 인간이 되는 것 같다.

판촉 회의: 발언→반대→침묵, 무한반복

그날은 오후부터 회의가 시작됐다. 서버컴퓨터 판촉에 대해 논의하는 자리였다. 회의실에 들어가자 'ㄷ(디귿)' 자 모양으로 책상과 의자가 여러 개 놓여있었고 희의실 구석에 긴조 이사가 홀로 앉아있었다. 운영팀과 그 일이 있은 후, 긴조 이사는 여러 회의에 얼굴을 내밀고 있는 것 같았다. 긴조 이사는 팔짱을 낀 채 회의를 지켜보고 있었다.

마치다 부장은 모두가 모인 것을 확인하더니 이렇게 말하기 시작했다.

"이번에 목표를 달성하려면 이익률이 높은 킹 서버 시스템의 매출을 늘려야 합니다. 그래서 오늘은 서버 판촉에 대한 아이디어를 교환하고자 합니다." 판촉 회의는 비교적 높은 빈도로 열리고 있다. 대기업에서는 판촉을 담당하는 부서가 따로 마련된 경우도 있다. 하지만 영업부도 실제 고객과 얼굴을 마주하기 때문에 판촉에 대한 아이디어가 더욱 많을 것 같았다.

"바로 본론으로 들어가죠, 아이디어 있는 사람 없나요?"

마치다 부장이 모두에게 재촉하자, 한 직원이 천천히 손을 들더니 이렇게 말했다.

"캠페인을 벌이는 것은 어떤가요? 서버를 구매해준 기업에 요즘 화제인 모바일 단말기를 선물한다든지요."

그러자 미카 씨가 목소리를 냈다. "발상이 너무 안이한 거 아닌가요? 요즘은 대체로 회사가 직원에게 모바일 단말기를 지급하고 있잖아요. 저도 별로 갖고 싶다는 생각이 안 드는데요."

미카 씨는 담담하게 말을 끝마쳤다.

잠시 침묵이 흘렀다. 또 다른 직원이 손을 들고 말했다. "그렇다면 감시 서비스를 무료로 제공하는 것은 어떨까요?"

미카 씨가 지체 없이 받아쳤다. "유료상품을 구매하는 고객의 혜택이 사라져서 좋지 않을 것 같아요. 그리고 운영팀의 부담이 늘어나니까, 아마도 자마 씨가 가만있지 않을 것 같은데요."

그리고 또다시 침묵이 흘렀다.

누군가 발언하면 어김없이 미카 씨가 딴죽을 거는, 판촉 회의에서 늘 있어왔던 광경이 오늘도 반복되고 있었다. 그런데 잠시 후, 예전과 달리 새로운 양상이 펼쳐졌다.

팔짱을 끼고 있던 긴조 이사가 일어나 미카 씨를 노려보며 입을 연 것이다.

"자네, 제1팀의 에비나 맞지?"

"네? 네, 에비나입니다. 에비나 미카라고 합니다." 미카 씨는 대답하며 일어섰다. 회의실 구석에서 날카롭고 낮은 목소리가 들려오자, 그 대단한 미카 씨도 주춤했다.

"에비나 씨, **대안도 없으면서 반대만 하는 건 옳지 않아.**"

"네?" 미카 씨는 제대로 듣지 못한 건지, 의미를 못 알아차린 건지, 순간적으로 마치다 부장에게 시선을 보냈다. 하지만 부장도 굳은 표정으로 움직이지 않았다. 긴조 이사는 낮은 목소리를 유지한 채 말을 이어갔다.

"반대만 하는 것이라면 누구라도 할 수 있어요. 반대를 한다면 '**그 대신 이런 것은 어떨까**'라는 대안을 분명하게 제시하세요. 그게 바로 직장인이라면 마땅히 갖추어야 할 덕목입니다."

변화된 회의 분위기: 기승전, 그 자식

순간 미카 씨는 미간을 찌푸렸다. 팀원들 앞에서 '마땅히 갖추어야 할 덕목'이라는 소리를 들어서인지, 분명히 기분이 상한 듯했다. 어떤 대꾸도 하지 못한 채 미카 씨는 조용히 자리에 앉았다.

긴조 이사가 말한 대로 반대 의견만 제시해서는 제대로 논의를 할 수 없다. 반대 의견은 대안과 함께 제시해야 한다. 남의 말에 미카 씨가 끼어드는 것은 어떤 의미에서 일종의 풍물시와 같았다. 마치, 시대의 흐름을 짚어내는 예리한 지적일지 모르지만 이것이 잘못된 방법이었을 수도 있었다.

다소 어색한 분위기였지만 회의는 그럭저럭 제자리를 잡아갔고, 그 이후에도 다양한 아이디어가 나왔다. 그러나 미카 씨는 시종일관 입을 다문 채 말이 없었다. 그래서였을까, 회의는 부드럽게 진행되었다. 하지만 마무리는 내가 그다지 바라지 않았던 형태로 끝났다.

"됐어요, 그럼 우에다가 제시한 아이디어로 갑시다." 마치다 부장이 자리에서 일어나며 말했다.

"또 이렇게 끝나네." 나도 모르게 한숨 섞인 말이 튀어나왔다.

07

과제가 없는 보고는 일체 받지 않는다

라이벌의 등장: 우에다 히로유키

우에다 히로유키. 그 자식은 늘 나보다 앞서 나갔다.

대학도 내 모교보다 좋은 곳을 나왔고, 입사시험 성적이 어땠는지는 모르겠지만 입사식 때 신입 직원 대표로 스피치를 했다. 신입 직원 연수가 끝나고 나서도 그 자식에게는 연이어 중요한 업무들만 주어졌다. 그럼에도 불구하고 그 자식은 가뿐하게 일을 처리했다.

8년이란 세월이 지나 정신을 차려보니, 우에다는 몇 년 전부터 영업부 제2팀 팀장으로 발탁되어있었다. 판촉 회의에서도 우에다가 낸 안이 채택되는 경우가 늘어났다. 반면에, 내 이름은 아직까지 단 한 번도 불린 적이 없었다. 이번에도 내 안건은 또다시 채택되지 못했기에 한숨 섞인 말이 튀어나왔던 것이었다.

회의가 끝나고 자리로 돌아온 나는 잠시 생각에 잠겼다. 우에다와 나 사이에 어쩌다 이렇게까지 차이가 생겼을까? 같은 회사에 들어와 같은 일을 하면서 같은 시간을 보냈는데 왜 이런 차이가 생긴 것일까? 뭐가 달랐을까? 학생 시절에 벌어진 격차를 좁힐 수는 없었던 걸까? 아무리 생각해도 말끔히 정리되지 않았다.

판촉 결과 중간보고: 엘리트의 낙담

일주일 뒤, 판촉 회의 자리에서 우에다가 판촉 결과에 대한 중간보고를 발표했다.

우에다가 생각했던 판촉 제안은 '증설 할인'으로, 서버를 추가 구매하는 고객이 증가하는 것을 보고 착안한 아이디어였다. 서버를 증설한 고객에게 그 용량과 대수에 따라 할인을 적용하는 것으로, 분하거도 '꽤 괜찮은 아이디어'라고 칭찬하는 사람이 많왔다.

‘증설 할인’ 캠페인을 펼친 결과로 나온 매출액 숫자가 우에 다의 입을 통해 발표되었다.

나쁘지 않은 숫자였다. 나는 또다시 위산과다 증상이 일어나 는 것을 느꼈다.

“이상입니다.” 우에다는 깔끔하게 보고를 마치고 자리로 돌아 갔다.

그러자 긴조 이사가 자리에서 일어나 말했다.

“우에다 씨! 미안하지만 자네 제안은 긍정적으로 받아들이기 어렵겠는데.”

생각지 못한 발언에 회의실의 시간이 한순간 멈춘 것처럼 느 껴졌다.

“네? 무, 무슨 말씀이신지요?” 벌떡 일어선 우에다의 목소리 는 보기 드물게 컸다. 긴조 이사는 말을 이어갔다.

“과제가 없는 보고는 일체 받지 않는다.”

“과제… 말씀이십니까?” 우에다는 달을 하면서 검지로 콧등 을 긁었다.

“그래, 자네의 보고는 단지 숫자를 나열한 것에 불과해. **거기 에 어떤 과제가 있는지, 앞으로 더 잘하기 위해서는 어떻게 해야 하는지**, 그런 과제를 제시하지 않는 한 그것은 보고라고 할 수 없어. 그렇기 때문에 받아들일 수 없다는 거네.”

잠시 움직이지 않았던 우에다가 다시 콧등을 긁으면서 입을
열었다.

“네. 그럼 다시 보고하겠습니다.” 우에다의 목소리가 작아졌
다 싶더니, 그 자리에 천천히 주저앉았다.

나도 모르게 미소를 짓고 있었다. 이렇게까지 낙담하는 우에
다를 보는 것은 처음이었다. 그리고 왠지 모르게 기쁨으로 가슴
이 벅차올랐다. 다만 긴조 이사와 시선이 마주쳤기에 황급히 원
래 얼굴로 돌아왔다. 이사가 뭔가 말을 하려했던 것이 조금 신경
이 쓰였다.

과제 없는 보고서 : 너와 나의 연결 고리

다음 날, 영업을 한 바퀴 돌고 자리로 돌아와 잠깐 쉬면서 정
돈을 하고 있었다. 내 책상은 늘 서류로 가득해서 한 번 정리하
는 것으로는 도저히 끝이 나지 않는다. 시간이 있을 때마다 조금
씩 정리해야겠다고 생각하고 있던 차였다. 그런데 서랍 안쪽에
서 서류뭉치 하나가 통째로 나왔다. 반년 전 영업보고서였다.

“‘보고’란 말이지…” 어제 긴조 이사가 우에다에게 했던 말이

떠올랐다. 분명히 '과제가 없는 보고는 일체 받지 않는다'고 말했다.

홀홀 넘기면서 다시 읽어보니 별다를 것이 없었다. 나 역시 과제가 없는 보고서 일색이었다.

지금까지 나는 우에다를 뛰어넘는 일이 없었기 때문에 당연하다면 너무도 당연했다. 그렇지만 그것을 인정하고 싶지 않았다. 책상에 푹 엎드려서 '후우…' 하고 깊은 한숨을 쉬었다.

갑자기 눈앞의 전화가 울린다. 엉겁결에 수화기를 귀에 대자 긴조 이사의 낮은 목소리가 들려왔다. "지금 바로 '회의실B'로 오세요."

나는 좋지 않은 예감을 느끼며 '회의실B'로 향했다.

위험한 기회: 역시 자네는 해고야

회의실 문을 열자 팔짱을 낀 긴조 이사가 정면에 앉아있었다. 나는 황급히 앞쪽에 착석했다. 앉자마자 이사의 입이 열렸다.

"쇼타 씨. 조금 신경이 쓰였는데, 전에 우에다의 보고를 듣고 어떤 생각을 했지?"

나는 자세를 고쳐 앉으며 말했다.

“글쎄요. 이사님이 말씀하신 대로 ‘과제가 없는 보고는 안 되겠구나’라고 생각했습니다. 그 친구의 보고는 이전부터 뭔가 부족하다고 생각했지요.”

잠시 시간이 흐른 뒤, 긴조 이사는 왼쪽 눈썹을 치켜 올리며 되묻는다.

“그래서?”

나는 지금이 분명 기회라고 생각했다. 우에다보다 앞설 수 있는 기회 말이다. 신이 이런 기회를 내려주신 것일지도 모른다. 그렇게 확신하고 말을 이어갔다.

“판촉에 대한 아이디어를 내는 것이라면 우에다보다 제가 더 적합하다고 생각합니다. 아직 발표하지는 않았지만 몇 가지 아이디어를 가지고 있습니다. 시켜주신다면 과제와 더불어 보고를 준비하겠습니다.”

이사가 “음…”이라고 작은 목소리를 내며 자리에서 일어났다.

“쇼타 씨. 역시, 자네를 해고해야겠네.”

나는 머릿속이 새하얘졌다.

개선하려는 생각

'개선'이라는 말을 들어본 적이 없는 사람은 없다고 생각합니다. 그러나 과연 '개선이 무엇인지'를 분명하게 설명할 수 있는 사람은 몇 명이나 될까요?

도요타에서는 '개선'을 수많은 의미가 내포된 것으로 인식하고 있습니다. 지금 보유하고 있는 자원일지라도, 충분하지 않다고 생각하며 개선합니다. 이를 통해 생산성을 높여나가는 것이 도요타의 방식이라고 할 수 있습니다.

그렇다면 '생산성을 높인다'의 뜻은 뭘까요? **열심히 하지 않으면서 성과를 내는** 것입니다. 일본의 기업에서는 무슨 일이 있어도 '열심히 하는' 것을 미덕으로 여깁니다. 그러나 도요타에서는 예전부터 **자신이 편해지는 방법을 생각하라**'라고 합니다. 지금까지와 같은 수준의 성과를 낼 수 있다면 좀 더 편하게 일하라는 뜻이지요. 이것이 바로 '생산성 향상'입니다.

또한 무엇부터 개선해야 하는지에 대해서도 교육을 받습니다. 여기에서 말하는 순서란 다음과 같습니다.

① **작업 개선** 주변에서 일어나는 작업에서 낭비를 없애 생산
성을 향상시킨다.

② **설비 개선** 작업환경과 설비 측면에서 낭비를 없애 생산성
을 향상시킨다.

③ **공정 개선** 업무 흐름과 작업 공정에서 낭비를 없애 생산성
을 향상시킨다.

즉, 자기 주변부터 먼저 개선하고 환경이나 작업 흐름으로 서
서히 개선 규모를 확대해야 한다는 것입니다. 일단 주변을 개선
하는 것이 상대적으로 쉽지요. 아울러 작업 개선을 통해 어떻게
지혜를 내는가를 학습하게 되면, 보다 큰 개선으로 이어질 수 있
지요.

모름지기 사람은 '바꿨다가 실패하면 어쩌지?'라는 공포심을
가지기 마련입니다. 많은 기업들이 과감하지 못한 이유는 '바꿔
서 악화되면 책임문제가 생긴다'거나 '나름대로 잘 되고 있으니
까 괜찮다'는 생각이 들어 움츠러들기 때문이 아닐까요? 이런
상태에 이르지 않기 위해서라도 우선 주변의 환경 등을 개선함
으로써 '작업 흥분'을 유발시켰던 것이 아닌가 싶습니다.

'작업 흥분'은 주로 심리학에서 쓰이는 용어입니다. 작업을 시

작했다는 신호가 자기를 흥분시켜 뇌 전체로 의욕이 확산되는 것을 뜻합니다.

그렇다면 왜 '지속적으로 개선하는 것'을 그토록 중요하게 여길까요? 현장에서 제가 느꼈던 이유는 '**고객의 존재**'였습니다.

'모든 것은 고객을 위한' 것이라고 저는 교육받았습니다. 개선은 자기만족을 위한 것이 아니며, 그 어떤 개선도 **고객을 위한 것이 아니라면 의미가 없다**는 것입니다.

자동차 정비를 하는 작업현장이라면 '손님이 많이 기다리지 않도록 동선을 어떻게 개선할 수 있을까?'를 생각합니다. 자동차를 개발하는 현장에서는 '고객이 기뻐할 자동차를 어떻게 만들 것인가?'를 생각하고 있습니다. 고객이 변하기 때문에, 기업도 변해갑니다. 바로 이것이 '개선'이라는 것의 근원에 자리 잡고 있다고 생각합니다.

종종 일이 원활하지 못한 것을 고객 탓으로 돌리는 기업을 봅니다. 그것이야말로 언어도단'이지요. '철저히 고객 중심으로 생각하고, 고객을 위해 변화해간다.' 이것이 바로 도요타에서 말하는 '개선'입니다.

---

* 言語道斷: 말할 길이 끊어졌다는 뜻으로, 어이가 없어서 말하려 해도 말할 수 없음을 이르는 말

개선의 3단계

1. 작업 개선(주변 작업)
2. 설비 개선(직장의 환경·설비)
3. 공정 개선 (업무 흐름·작업 공정)

고객의 니즈는 항상 변화한다

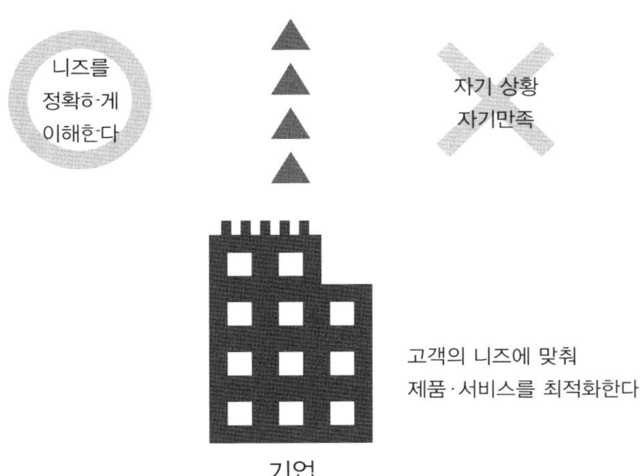

고객의 니즈에 맞춰
제품·서비스를 최적화한다

관점을 바꿔
'1 + 1 = 3'이라고 생각한다

자신의 방식으로는 도달하지 못하는 대답에,
둔갑술처럼 단번에 이르려면 관점을 어떻게 바꿔야 하는가?

다른 사람의 지혜를 공유해서
새로운 발상·개선을 만들어낸다

직접 생각해보는 힌트

1. 여러 역할을 담당하면 시야가 넓어진다

2. 개선을 모두가 공유하면 효율을 높일 수 있다

3. 인간관계를 다양하게 구축한다

08

벤치마킹을 계속해라

두 번째 해고 통보: 모르겠다, 될 대로 되라!

"자, 잠깐만요. '역시, 자네를 해고해야겠네'라니요? 그런 게 어디 있습니까? 저는 이사님이 하라는 대로 일하고 있는데요."

겨우 냉정함을 되찾았지만 너무 당황한 나머지 나는 버벅거렸다. 긴조 이사는 팔짱을 낀 채 이쪽을 계속 응시하고 있을 뿐이었다.

"그런지는 모르겠지만, 거짓말하는 직원을 그대로 두는 것은 옳지 않은 것 같네."

"거짓이라고요?" 나는 떨리는 몸을 겨우 가누며 되물었다.

"과제가 없는 보고는 안 된다고 말하면서, 지금까지 자네가 쓴 보고서에 단 하나의 과제도 제시하지 않았잖아."

"이, 읽으셨나요?" 작은 목소리로 말을 하자, 이사는 단호하게 응답했다.

"당연하지. 이 회사의 모든 보고서를 다 훑어봤네."

"전부 다…." 내 목소리는 이사에게 들리지 않을 정도로 약해지고 있었다.

"지금까지 그렇게 해오지 않았으면서 과제를 확실하게 포함시켜 보고하겠다니, 어떻게 그런 것을 아무렇지도 않게 말할 수 있지?"

나는 무의식적으로 주먹을 쥐고 있었다. 몸속에서 무언가가 솟아오르는 듯한 기분이 들었다. 그리고는 토해내듯 말을 이어갔다.

"…불공평하다고 생각합니다."

"어째서?" 긴조 이사가 낮은 목소리로 되물었다.

"불공평합니다. 동기인데도 입사하자마자 그 자식은 먼저 팀장이 되고 중요한 일도 맡았습니다. 언제나 나보다 앞서 나가는 우에다가, 우에다가 밉습니다."

속에 쌓였던 것을 풀어내고 나는 그대로 입을 다물어버렸다. 이젠 나도 '모르겠다, 될 대로 되라!' 그런 기분이었다.

긴조 이사는 조용히 눈을 감더니, 의자에 앉았다.

"쇼타 씨, 자네 생각은 틀렸어."

나는 입을 다문 채 이사를 바라봤다. 그는 턱수염을 쓰다듬으며 다시 입을 열었다.

"주변에 훌륭한 사람이 있다면, 그 사람이 적군이든 아군이든 자네가 해야 하는 것은 단 한 가지야. 그렇게 시기하거나 한탄하고 있을 게 아니야. **벤치마킹**을 해야지."

"벤, 벤치마킹이요?" 작지만 높은 목소리가 내 입에서 흘러나왔다.

"그래, 그가 평소에 어떻게 일하는지 물어보게. 분명히 자네와는 다른 점을 발견하게 될 거야. 직접 물어보는 것이 자존심 상한다면, 우에다를 유심히 **관찰**해봐."

"관찰… 그리고 따라하라는 말씀이신가요?"

"그래, 도요타도 처음에는 작은 공장으로 시작했어. 하지만 지금은 27조 엔 규모의 매출을 올리는 회사로 성장했지. 그 근간에 있던 것은 '끊임없는 벤치마킹'이야."

"도요타가 남을 모방했다구요? 누구를요?"

"기업이 벤치마킹을 하는 경우는, 업계와 상관없이 우수 기업을 기준으로 이루어진다네. 도요타가 있는 자동차 업계에서는 원래 미국이 앞서있었다는 것쯤은 알고 있겠지?"

"아, 네." 나는 고개를 끄덕였다.

"도요타는 포드나 GM 같은 미국 기업을 벤치마킹하면서 자사의 체제를 정립해나갔어. 생산관리 측면에서는 슈퍼마켓을 사례로 학습하기도 했지. 다양한 각도에서 도요타와 타사의 차이를 측정하고, 그 차이를 하나씩 메워가면서 성장한 거야."

"그렇군요." 나는 침을 삼켰다.

"그러니까 자네도 벤치마킹을 해야 하는 걸세." 그 말을 남기고 긴조 이사는 턱수염을 쓰다듬으며 그대로 회의실을 나가버렸다.

주변 인물 관찰: 우에다의 사생활

도요타조차도 다른 회사와의 차이를 측정하면서 그 차이를 메우고 있었던 것이다. 다양한 각도에서 바라보는 것이 중요하다는 생각이 들었다.

"질투하지 말고 벤치마킹하라 이거지?" 나는 조용히 중얼거렸다.

그래, 언제까지 부러워만 하고 있을 수는 없지. 한번 해보자.

그날 이후, 나는 형사처럼 우에다의 일상을 관찰하기 시작했다. 매번 들키지 않고 뒤를 밟아야 했기 때문에 성가셨다. 하지만 직접 물어볼 수도 없는 일이니, 딱히 다른 방법이 없었다.

점심시간에 우에다가 밖으로 나가는 것을 보고 바로 따라나섰다. 우에다는 회사 근처 카페로 들어갔다. 샌드위치를 먹으면서 책을 읽었다. 책 제목이 궁금해서 즈금 다가갔지만 너무 가까이 다가가면 들킬 것이다. 역시, 쉽지 않다.

멀리서 실눈을 하고 보니까 '맥킨지의 어쩌고'라고 쓰여있다. 비즈니스 서적인 것 같았다. 이 시간에 나는 항상 무엇을 했었나….생각해보니, 대체로 스마트폰으로 게임을 하고 있었다.

우에다의 퇴근길을 들키지 않게 조심하면서 뒤따라갔다. 전철로 세 정거장을 가서 내렸고, 조금 걷는가 싶더니 어떤 커다란 건물로 들어갔다. 주위를 둘러보니 엘리베이터 옆에 '영업력 강화 세미나 접수는 5층'이라고 써있었다. 우에다가 탄 엘리베이터는 5층에 멈춰 서있었다.

이런 세미나에 참석하는구나. 그 시간에 나는 무엇을 했었나 생각해봤다. 대체로 집에 드러누워 TV를 봤다.

이런 상황이 매일같이 이어진 것에 점점 나 자신이 한심스러웠다. 우에다처럼 노력은 하지 않으면서 다른 사람만 부러워하고, 도대체 뭘 하고 있었는지 모르겠다.

목표 확대: 한층 더 높은 곳으로

며칠 뒤, 긴조 이사가 느닷없이 나타나 물었다.

"쇼타 씨, 그래, 벤치마킹은 잘 돼가나?"

"네…. 불공평하다고만 했던 제 생각이 얼마나 한심한지 아주 잘 깨달았습니다. 저도 우에다가 하는 것들이라도 해볼까 합니다. 그 자식에게 계속 지는 것은 참을 수가 없으니까요."

"그래, 뭔가 수확이 있는 것 같아 다행이네."

긴조 이사는 턱수염을 쓰다듬으며 말을 이어갔다.

"이것만은 말해두는데, 살면서 행복하고 싶다면 다른 사람과 비교해선 안 돼! 그렇지만 일할 때는 달라. **잘 나가는 사람이 있으면 자신과 무엇이 다른지 냉정하게 비교해서 좋은 것은 적극적으로 받아들여야 해**. 그게 바로 성장의 비결이지.

"네." 나는 고개를 크게 끄덕였다.

"처음에는 사내에서 비교를 해도 돼. 하지만 그 이후, 상대와 똑같은 것을 할 수 있게 되더라도 거기서 만족해서는 안 되네. 다른 회사에는 훨씬 더 뛰어난 녀석이 얼마든지 있거든. 그러니

다른 회사까지 벤치마킹하는 것을 소홀히 해서는 안 되네. 자신이 성장했다는 생각이 들면 이번에는 관점을 바꿔 새로운 벤치마킹 대상을 설정하게. 한층 더 높은 곳을 목표로 삼아야 해."

"네!"

"아직 쇼타 씨는 부족한 점이 많지만, 우선 이 '벤치마킹'이라는 생각법을 확실하게 몸에 익혀두는 게 좋을 걸세."

이사가 말하는 '부족한 점'이 마음에 걸렸다. 수긍할 수밖에 없었다.

09

다능공이 되어라

지체되는 업무: 품의서 발행

아침부터 보슬비가 내리던 날이었다. 점심시간 전이어서 배가 고프기도 했지만 나는 일어나면서부터 기분이 좋지 않았다. 품의서 발행이 늦어져 일을 제대로 할 수 없었기 때문이었다.

품의서는 각 부서 담당자에게 메일로 의뢰하면 발행해준다. 품의서가 있어야만 품의를 올릴 수 있기 때문에 발행이 안 되면 아무 일도 할 수 없다.

그날도 메일로 의뢰했지만 진행이 너무 늦어지고 있었다. 품의를 올리지 못해 다른 일이 손에 잡히지 않았다. 점점 초초해졌다. 사무 담당자에게 품의서 처리를 물으러 갔지만 날카로운 눈으로 째려보면서 "지금 의뢰가 너무 길려있어서 조금 기다리셔야 할 것 같습니다"라는 대답만이 돌아왔다.

초라하게 자리로 돌아와 하는 수 없이 책상을 정리하고 있었다. 그때, 미카 씨가 "쇼타 씨, 꽤나 한가해 보이는데, 일 좀 제대로 하죠"라고 했다. 엎친 데 덮친 격이다. 나는 뒤를 돌아 미카 씨에게 반론을 시작했다.

"그게 아닙니다. 품의서가 늦어져서 기다리고 있는 겁니다. 아무리 빨리 일을 처리해도 품의서 발행에서 멈춰버리니까 정말 미치겠습니다. 어떻게 안 되는 건지 모르겠습니다, 정말." 말을 다 끝내기 전에 미카 씨가 내 뒤를 가리키며 히죽히죽하고 있는 것을 눈치 챘다. 뒤를 돌아보자, 때마침 지나가던 사무 담당자가 귀신 같은 얼굴로 째려보고 있었다.

"미안하네요, 늦어져서. 아까부터 일이 밀려있다고 말하지 않았나요?"

순간 사무실은 정적에 휩싸였고 모든 시선이 나에게 집중되었다. 순간 정말 창피해졌다. 사무 담당자는 휙 얼굴을 돌리고는 종종걸음으로 자리를 떠버렸다. 나는 불편해진 심기를 추스르며 주위의 시선에서 사라질 수 있도록 몸을 낮춰 자리에 앉았다. 그런데 조금 전 소동을 들었는지, 긴조 이사가 말을 걸어온다.

"무슨 일이지?"

"별일 없습니다. 품의서 때문에 좀…. 담당 직원을 화나게 해서요."

이사는 순간 만족스러운 웃음을 잠깐 보이더니 "왜 화가 났지?"라고 묻는다. 이 사람은 마치 다툼을 즐기는 것 같았다. 나는 천천히 사정을 설명했다.

"으음, 품의서 발행이 늦어져서 그랬단 말이지."

긴조 이사는 맞은편 의자에 앉아 나를 가리키며 계속 말했다.

"그렇다면 쇼타 씨, 질문이 있는데, 왜 스스로 품의서를 발행하겠다는 생각은 하지 않는 거지?"

"제가요? 전 영업 담당인데요. 예전부터 사무 담당 직원이 품의서를 발행해왔습니다."

나는 어처구니가 없어 쓴웃음을 지으며 대답했다.

"품의서는 꼭 사무 담당자가 발행해야 한다는 내규라도 있나?"

"아뇨, 그런 건 아니지만…." 나도 모르게 입을 삐쭉 내밀었다.

"그런 식으로 업무 역할을 맘대로 정해버려서는 안 되지. '다능공多能工'이라는 생각을 가져보는 것은 어떻다고 생각하나?"

"다능공이오?"

"다양한 능력을 가진 직공이라는 뜻이네. 도요타의 공장에서는 부품을 장착하는 담당자가 매일 바뀌는 거 알고 있나? 그렇게 함으로써 누군가 출근을 못하면 주변 사람이 대신할 수 있고, 개개인의 시야도 넓어지지."

"아… 네." 나도 모르게 사이를 띄워 대답하고 말았다.

"최근에는 호텔 등에서 이러한 다능공 제도를 도입하고 있네. 프런트는 물론 배식과 침대정리 업무에 누구라도 대응할 수 있도록 말이지."

왠지 다른 나라 이야기를 듣고 있는 듯했다. 지금까지의 관점이 완전히 뒤집히는 것 같았다. 일을 하는 데 있어 역할을 정하지 않는다니, 가능할까?

어리둥절해하는 내게 이사는 아랑곳하지 않고 말을 했다.

"당장 사무 담당자에게 품의서 발행하는 법을 물어보고, 일단 한번 해 보면 어떨까?"

"아아, 네…."

품의서도 자동화: 안경남의 재등장

오후가 돼서야 비가 그쳤다. 창밖 구름 사이로 푸른 하늘이 살짝 보였다. 일단 나는 사무 담당자에게 말을 해보기로 했다.

"뭔가요? 오노 씨가 요청한 품의서는 벌써 발행했는데요. 지금은 의뢰받은 건이 없는 거 같은데요?"

예상했던 대로 담당자는 또다시 날카로운 눈초리로 나를 째려봤다. 분명히 나를 적대시하고 있었다. 아무래도 이 직원은 나를 완전히 싫어하게 된 것 같았다.

"아니요, 저, 이번에는 의뢰 때문에 온 건 아니고요. 품의서 발행하는 방법 좀 배울 수 없을까 해서요."

"네?" 사무 담당자가 어이없다는 듯이 반문했다.

나는 사무 담당자에게만 부담을 주기보다 나도 배우는 것이 좋을 것 같다는 취지를 설명했다. 그러자 "네, 좋아요"라며 그 자리에서 설명해주었다.

처음에는 의아한 듯했지만 기분 나빠 보이지는 않았다. 마지막에는 친절하게 설명을 해주어서 직접 품의서를 발행할 수 있게 되었다.

그러자 '이것도 자동화할 수 있겠는데?'라는 생각이 들었다.

나는 자마 씨가 있는 운영팀으로 갔다. 마침 자마 씨는 컴퓨터 화면을 멍하니 바라보고 있었다.

"수고 많으십니다. 저, 부탁드릴 일이 있어서 왔는데요."

긴 앞머리 사이로 나를 쳐다보면서 자마 씨가 "어!"라고 대답했다.

"품의서 작성의 자동화는 어렵겠지요?"

"품의서 작성 자동화?" 자마 씨는 표정을 바꾸지 않은 채 다시 물었다. 그러자 뒤에서 소리가 들렸다.

"VBAVisual Basic for Application로 만들 수 있습니다." 안경을 낀 그 직원, '안경남'이었다.

"이전에 제가 직접 품의서를 발행했는데요, 정말 귀찮은 일이더라고요. 그거, 엑셀 VBA 함수를 이용하면 스스로 할 수 있습니다."

"그럼 저도 할 수 있을까요?" 나는 조심조심 물었다.

"네, 이 책을 보면 쉽게 따라하실 수 있을 거예요." 안경남은 덤덤한 말투로 책 한 권을 건넸다. 표지에는 《알기 쉬운 VBA》라고 쓰여 있었다. "그 책의 40페이지쯤을 참고하시면 돼요"라고 말하고는, 안경남은 자기 자리로 돌아갔다.

"고, 고마워요." 나는 책을 들고 위층으로 돌아왔다.

그로부터 일주일간 아침 일찍 출근했다. 그러고는 책을 보면서 VBA를 이용해 품의서 작성 자동화를 시도해봤다.

　　VBA는 필요 항목에 계속 대답하는 형식으로, 문자를 입력하면 마지막에 품의서를 작성할 수 있는 구조였다. 입력 실수를 하면 오류가 표시되도록 만들어나갔다.

　　프로그램이 작동하는 것을 확인하고 "야, 이건 정말 편리한데"라고 중얼거리며, 키보드에서 손을 뗐다.

보고는 타이딩: 눈썹 휘날리며!

　　그날 오후, 화장실에서 자리로 돌아갈 때였다. 긴조 이사가 복도 저편에서 빠른 걸음으로 걸어오고 있었다. 나는 '그렇지!' 하고 생각이 나서 불쑥 말을 걸었다.

　　"이사님, 다능공 말입니다."

　　"어, 왜?" 이사는 멈춰서 눈썹을 치켜 올리며 물었다.

　　"이해했습니다!" 나는 다양한 설명을 늘어놓고 싶었지만 이사가 서두르는 듯해서 간략하게 전달했다.

　　"그래, 잘했네. 그런데 다양한 역할을 할 수 있게 된 다음에는 반드시 생각해야 하는 것이 또 하나 있어." 이사는 이렇게 말을 하고 손목시계를 흘끗 쳐다봤다. 그리고 다시 내 눈을 바라봤다.

　　"전부 설명하기에는 시간이 부족해. 내가 지금 출장을 가야 하거든. 다음에 설명해주겠네."

긴조 이사는 거침없이 빠르게 말을 마치고 엘리베이터에 올라타버렸다.

"생각해야 하는 게 하나 더 있다고? 도대체 뭘까?"

나는 스스로에게 질문하며 발길을 돌렸다.

10

수평으로 전개하라

수직전파: 칭찬받고 싶어요

나중에 미카 씨에게 물었더니, 긴조 이사는 나고야에 출장을
간 듯했다. 그런데 사실 우리 회사에 나고야 지사 같은 건 없다.
나고야에 무슨 일로 갔는지, 나 같은 평사원이 알 리가 없었다.

이사는 일주일째 자리를 비우고 있었다. 하지만 일전에 다능
공 건이 신경 쓰여서 메일을 보내기로 했다.

메일 제목은 '다능공 건'이라고 붙였다.

이사님이 말씀해주신 대로 품의서 발행을 스스로 해봤습니다. 이 과정을 통해 생각보다 어렵지 않다는 것을 알게 되었습니다. 그리고 동시에, 발행하는 과정에서 효율성에 문제가 있다는 것도 느꼈습니다. 그래서 자마 씨의 운영팀 직원에게 품의서를 자동으로 만드는 방법을 배워 새롭게 만들어봤습니다. 이것을 사용해 보다 빠르게 작성할 수 있게 되었습니다.

감사의 내용도 포함해서 글을 마치고, 나는 자신만만하게 송신 버튼을 클릭했다. 이번에야말로 "잘 했네, 쇼타 씨!"라고 칭찬받을 수 있겠다고 굳게 믿었다.

수평전파: 개인과 조직의 강화

칭찬받을 것이라고 생각하자 왠지 기분이 좋아졌다. 휴식을 취할 겸 회사 옆의 작은 카페에 갔다. 요즘 마음에 들어 자주 들리곤 했던 '나렛지'라는 카페였다.

마음에 들었던 이유는 나뭇결 인테리어로 장식한 내부 공간이 마음을 안정시켜주는 점 때문이었다. 하지만 그보다 더 중요한 이유는 그곳에서 일하는 유키 씨가 귀여워서였다. 이름은 명찰을 보고 알게 되었다. 무엇보다 말을 걸어본 적도 없다.

"어서 오세요."

유키 씨의 목소리였다. 얼굴이 희고 갸날픈 체형에 허리까지 내려오는 예쁘고 긴 머리. 카페에 들어서면 그 머리를 찰랑거리며 유키 씨가 맞아준다. 나는 들뜬 발걸음으로 자리에 앉아 따뜻한 커피를 주문했다.

"알겠습니다." 유키 씨가 살짝 미소를 지으며 돌아서자, 짧은 듯한 치마가 살짝 나부꼈다. 순간 눈이 멍해졌다.

잠시 행복에 젖어있는데 갑자기 휴대전화가 진동했다. 작게 혀를 차면서 화면을 보니 이사로부터의 메일이 도착해있었다.

살짝 들여다봤는데 기가 막혀서 말이 안 나왔다. 제목부터 '그것만으로는 안 된다'라고 써있었기 때문이다. 조금 전 보낸 메일 내용이 '안 된다'라는 것이 분명했다.

유키 씨가 가져다 준 커피를 맛도 제대로 느끼지 못한 채 허겁지겁 마셔버리고 서둘러 사무실로 돌아갔다. 메일이 신경 쓰여서 참을 수가 없었다.

타이밍이 안 좋아도 너무 안 좋았다. 카페를 나올 때 유키 씨의 "또 오세요"라는 목소리에 마음이 너무 애달팠다. 물론, 다시 오고말고요.

무거운 발걸음으로 자리에 돌아와, 컴퓨터에 접속해서 조금 전 '그것만으로는 안 된다'는 메일을 열어 내용을 확인했다.

"품의서 작성을 자동화하는 것은 좋은 방법일지 모르네. 그렇지만 좋은 방법을 찾았다면 **횡전**橫展'하려는 생각을 해야 하네."라고 써있었다.

내가 가질 의문을 헤아렸다는 듯이 바로 밑에 덧붙이는 말이 적혀있다.

"참고로, 횡전이란 '수평으로 전개한다', 즉 주변 사람들과 공유한다는 뜻이네."

"되게 아는 척 하네." 나도 모르게 이런 불평을 내뱉으며 계속 읽어 내려갔다.

"업무 효율을 개선한 담당자는 개선한 내용과 그 성과를 발표 등을 통해 적극적으로 주위로 확산시켜야 해. 그러면 그 방법을 자신이 속한 부서에도 도입하려는 움직임이 나타날거야. 물론 그 방법을 도입한 다른 부서에서도 보다 나은 개선 방법을 찾게 되지. 또다시 긍정적인 방향으로 나아가는 걸세. 이러한 선순환 구조가 만들어지면 개인뿐만 아니라 조직 전체가 강해지지."

조직 전체가 강해지는 것에는 특별히 흥미를 느낄 수 없었다. 그러나 주위의 움직임이 빨라지면 나도 앞으로 일할 때 조금 더 편해질지도 모른다. 그런 생각이 머리를 스쳤다.

"횡전이란 말이지."

한숨을 섞어 이런 말을 하고 나서, 우선 품의서를 자주 사용하는 영업본부에서 우선 전개해나가야겠다고 생각했다.

다음 날 아침, 일을 시작하자마자 나는 한 통의 메일을 보냈다. 받는 곳은 영업본부 전체였다. 처음으로 영업본부 전체로 보내는 그룹 메일이어서 조금 긴장했다.

어디까지나 참고가 되었으면 좋겠다는 입장에서 "품의서를 직접 작성할 수 있는 툴을 만들어봤습니다. 괜찮으시면 한번 사용해보시기 바랍니다"라고 썼다. 그런 다음 툴을 첨부해 발송했다. 이사가 말했던 '횡전'이다.

그런데 몇 시간이 지나자 문제가 발생했다.

사무 일을 하는 일부 직원들로부터 "맘대로 방법을 바꾸는 것이 어떨지 모르겠습니다"라든지, "허가가 필요하지 않을까요?"라는 분명하게 불만에 찬 답장들을 받았다. 힘들게 시간을 들여 좋은 정보를 제공해주었는데, 이게 뭐지! 어쨌든 더 이상은 대응하지 않고 지나치기로 했다.

점심시간에 될 대로 되라는 기분으로 책을 읽고 있었다. 긴조 이사로부터 또 메일이 도착했다. 내용이 너무나도 시의적절해서 놀라지 않을 수 없었다.

"횡전에 대해 보충 설명을 하겠는데, 개선한 사례를 확산시키려 할 때, **그 움직임을 방해하는 문제**가 생기기도 한다네. 예로 커다란 방해 요인이라고 하면 '**상식**'이 걸림돌이 될 수도 있지."

마치 내가 처한 상황을 머리 위에서 보고 있는 듯하다. 반대 메일을 보낸 직원들이 성난 얼굴로 반발하는 모습이 떠올랐다. 메일을 계속 읽었다.

"'지금까지는 이렇게 하고 있었는데'라는 상식에 회사가 지배 당한다면, 업무 개선은 제한적인 수준에서 끝나버리고, 회사 전체로 확산되지 못해. 그럴 때 저항하는 부서나 사람에 대해 '**해 보면 할 수 있다**', '**하는 편이 낫다**'라는 마인드를 심어주어야 하네. 주위에 확산시키려면 그러한 설득과 강한 끈기로 계속 부딪쳐야 해!"

계속 끈질기게 설득해야 한단 말이지.

나는 한숨을 길게 한번 내쉬었다. '사무 일을 보는 직원도 내가 만든 툴을 이용하면 장점을 이해할 수 있을 텐데…. 그렇지, 해보면 간편하다는 것을 전달하면 된다는 거지!'

나는 머릿속으로 다양한 생각을 한 끝에 툴을 이용하는 장점을 짤막하게 정리했다. 그리고 더 나아가 툴 사용설명서도 만들었다. 사용설명서는 불과 종이 한 장이었지만, 장황하게 쓰는 것보다 낫다고 판단했다. 또다시 영업본부 전체를 대상으로 메일을 보냈다.

귀찮은 일을 하는 것은 싫었지만 내가 먼저 '횡전'이라는 말을 꺼냈으니 달리 방법이 없다.

전에 배포한 툴의 사용법에 대해 자료를 만들었습니다. 확인 부탁드립니다. 또한, 툴을 사용하면 이런 장점이 있습니다.

주로 이런 내용으로 메일을 작성했다. 몇 번이고 다시 읽어보면서 '이렇게 하면 설득할 수 있을까, 이번엔 받아들여줄까' 고민했다.

개선 사항 확산: 개선은 감사를 타고

일주일 정도가 흘렀을까. 내가 배포한 품의서 작성 툴은 영업 본부 전체로 확산된 듯했다. 직원들이 툴을 띄운 화면이 자주 보였고, 팀장의 지시에 따라 사용이 의무화된 팀도 있었다.

지금까지의 상식을 허물 수 있도록, 주위를 설득해 개선 사항을 확산시키는 게 얼마나 중요한지 깨달았다.

설득이 통한 것도 좋았지만, 가장 기쁜 것은 사무 담당자들이 "일이 너무 편해졌어요. 감사합니다"라는 말을 할 때였다.

11

다른 부서가 나를 먹여 살리게 하라

여전히 해고 보류: 회사 동료를 향한 존중

사무실 창문으로 가끔 불어오는 바람은 희미하지만 이미 여름 향기를 품고 있었다. 오전에 끝내야 하는 일을 마쳤고, 날씨도 좋아 휴식을 취할 겸해서 카페 '나렛지'로 갔다. 물론 목적은 유키 씨를 보기 위해서였다. 오늘도 나를 기다려주고 있을까?

원목으로 만들어진 중후한 문을 열자, 바로 유키 씨가 보였다. "어서 오세요." 이 목소리를 듣는 순간이 언제나 참기 힘들 정도로 좋다.

자리에 앉자 바로 "주문은 정하셨는지요?"라며 웃는 얼굴로 묻는다. 나는 실실 웃음이 나오는 것을 참으며 따뜻한 커피를 주문했다.

잠시 후, 또다시 발자국 소리가 점점 가까워지는 것을 느꼈다. 짧은 스커트를 입고 다가오는 유키 씨를 상상하면서 뒤를 돌아봤는데, 점퍼 입은 사람이 다가오고 있었다. 긴조 이사였다.

"어, 쇼타 씨도 쉬는 시간인가보군. 여기 앉아도 될까?"

아래를 향한 검지는 내 앞 좌석을 가리켰다. 왜 이 사람이 여기에 오는 거지?

"네, 네! 앉으세요." 나는 거절할 수도 없었다.

긴조 이사는 의자를 끌어당겨 바로 내 눈앞에 앉았다. 이사는 유키 씨에게 에스프레소를 주문했다. 유키 씨는 웃는 얼굴로 "알겠습니다"라고 대답하고 되돌아갔다. 나와 유키 씨의 둘만의 시간은 엉망이 되어버렸다.

"출장에서 돌아오셨군요. 나고야에는 무슨 일로 가신 건지 여쭤봐도 되겠습니까?"

"음, 그건 됐고, 그런데 횡전은 어떻게 됐지?"

이쪽 질문은 가볍게 피하면서 긴조 이사는 오히려 질문을 해왔다.

"네, 개선한 내용과 그 성과를 주위에 알리고 공유했습니다. 그렇게 했더니, 여러 일들이 있었는데요. 어쨌든 영업본부에는 확실하게 확산되었습니다."

"그래."

나는 앞에 놓인 커피를 한 모금 마시고 이야기를 이어갔다.

"그리고 '움직임을 저해하는 문제가 발생하는 경우도 있다'고 메일에 쓰셨던데, 실제로 그랬습니다. 일부 사무 담당 직원의 반발이 있었거든요. 하지만 간신히 설득됐지요."

"그래, 정말 잘했네." 긴조 이사는 팔짱을 낀 채 고개를 끄덕이며 말했다.

나는 손바닥을 들어 목에 대며 "이것으로 저를 해고하시겠다는 말은 없던 일로 해주시는 거죠?"라고 밝은 목소리로 물었다.

"왜 없던 일로 해야 하는 거지?"

"넷?"

나도 모르게 이상한 목소리가 터져 나왔다. 그때 마침 유키 씨가 에스프레소를 가져와서 부끄러웠다. 긴조 이사는 유키 씨에게 살짝 머리를 숙여 답례를 하고 이쪽으로 고쳐 앉았다.

"이전에 말하지 않았나. 아직 자네는 생각이 부족하다고."

그래, 그런 말을 들었었다. 우에다 일로 벤치마킹에 대해 배울 때 분명히….

“제게 부족한 생각이란 뭔가요? 알려주십시오.”

이사는 에스프레소를 한 모금 마셨다. 그리고 잠시 후에 말을 이어갔다.

“자네에게 부족한 생각은 바로 ‘**존중**’이네.”

“존중?” 나는 목소리가 날카로워졌다.

“자네가 이전에 우에다의 보고에 대해 ‘그 사람 보고에는 예전부터 뭔가 부족하다’고 말했지. 왜 그렇게 동료를 업신여기려고 했지? 자네 혼자 회사에서 일하고 있는 줄 아나?”

“아니요, 그건….”

그런 게 아니라고 바로 부정하려 했지만, 강하게 부정할 수가 없었다. 이사는 거침없이 말을 이어갔다.

“우리는 킹컴퓨터라는 회사의 조직원으로서 고객에게 서비스를 제공하고 있어. 그리고 그 대가로 돈을 받는 것이지. 그것이 우리 급여의 원천이고. 그런데 킹컴퓨터에서 같이 일하는 사람을 업신여기면 어떻게 하나? 우리는 그런 생각을 하고 있는 직원은 필요 없어.”

“죄송합니다….” 사과하는 것 외에 내가 드릴 말은 없었다.

“우에다를 포함해서 ‘**다른 부서가 나를 먹여 살리고 있다**’고 생각해야 하네.”

"다른 부서가, 먹여 살린다고…?" 내 입에서 같은 말이 반복해서 흘러나왔다.

"그래. 좀 더 시야를 넓혀야 하네. 회사라는 조직은 한 사람이 일해서 돈을 버는 곳이 아니야. 주위의 도움이 없으면 성립하지 않아. 그렇기 때문에 주위 사람을 존중하면서 일해야 한다는 거야. 알겠나?"

"네, 알겠습니다. 그런데 어떻게 하면 존중하는 마음이 생길까요?"

머릿속에 우에다의 얼굴이 떠올랐다. 분명히 벤치마킹할 때는 대단한 사람이라고 생각하긴 했다. 그렇지만 이사가 '존중하라'고 지시한다고 해서 그렇게 쉽게 할 수 있는 일이 아니었다.

"의식적으로 조금씩 사내에서 **다양한 방향으로 인간관계를 만들어 가게**. 일과 관련해서 모르는 것이 있으면 부담없이 물어보거나, 고민을 털어놓고 상담을 하면 되는 거네. 그런 교류를 통해 다른 부서를 존중하는 마음이 생겨날 걸세."

"알겠습니다." 내가 대답하자 긴조 이사는 자리에서 일어나며 말했다.

"쉬는 시간도 다 끝났는데, 이제 그만 사무실로 돌아가지."

"네."

작은 변화: 전 공정은 신, 후 공정은 고객

엘리베이터 안에서 이사는 다시 입을 열었다.

"아, 참, 도요타에는 이런 말이 있어. '전前 공정은 신神, 후後 공정은 고객'이라는 말이지."

"무슨 뜻인가요?"

"'자신이 맡은 일의 전 공정을 해주는 사람을 모두 신처럼 생각하고 대하고, 자신이 맡은 일의 후 공정을 해주는 사람을 모두 고객이라고 생각하고 대하라.' 그런 의미일세."

나는 사무 담당 직원을 떠올렸다. 여러 업무의 전 공정에 해당하는 사무 담당자를 신처럼 여긴 적은 단 한 번도 없었다.

"모두가 그런 관점으로 임하면 조직의 업무는 원활하게 돌아가게 되어있어." 그렇게 말을 하고 이사는 자리에서 일어났다.

긴조 이사의 말을 듣고 마음속에서 작은 변화가 일어나고 있는 듯했다.

12

산술보다 둔갑술이다

확산의 실천: 내 옆의 동료부터

빌딩이 보이는 창밖 경치도 조금씩 어두워지고 있었다. 사무 처리도 어느 정도 마쳤기 때문에 슬슬 퇴근하려던 참이었다. 미카 씨의 책상을 문득 보니, 자료가 산더미처럼 쌓여있었다.

평소 같으면 긁어 부스럼 만들기 싫어서 "먼저 가겠습니다"라고 한 뒤 퇴근했을 것이다. 하지만 이사가 말했던 '다양한 방향으로 인간관계를 만들라'는 말이 신경 쓰였다. 그래서였을까, 나도 모르게 말을 걸었다.

"미카 씨, 자료가 굉장하네요."

"응, 모레 발표할 제안서가 잘 안 돼서 애를 좀 먹고있어요. 거래처의 업계 자료를 보면서 사전에 조사도 해야 하고."

미카 씨는 자료를 넘겨가며 몇 페이지를 보여주었다. 책상 위를 유심히 살펴보니 팜플렛과 조사 대상 회사의 자료, 작성하다 만 제안서가 여기저기 흩어져있다.

"정말 고생이 많으시네요."

"청구서도 만들어야 하고, 얼마 전 다녀온 출장에서 쓴 교통비도 신청해야 하는데, 정말 큰일이에요."

"그럼, 먼저 가겠습니다." 나는 미안한 마음에 머리를 숙이며 출구 쪽으로 걸어갔다.

"수고했어요. 쇼타 씨." 하얀 손바닥을 보이면서 미카 씨는 가냘픈 목소리로 말했다.

조용해진 복도를 걸으면서 생각했다.

나에게 일을 지시하는 미카 씨도 어떻게 보면 전 공정을 하는 사람이다. 저 사람의 작업 부담을 줄이기 위해 내가 할 수 있는 일이 없을까?

미카 씨 대신에 제안서를 작성할 수는 없는 일이다. 그럼 잡무를 도와주어야 하나? 청구서 같은 것을 대신 작성해주어야 할까? 나는 엘리베이터 버튼을 누르고 기다리다가 문득 생각했다.

그래, 청구서라든지 교통비 정산서도 엑셀 VBA를 이용해 만들 수 있지 않을까? 그럼 미카 씨의 부담도 줄어들겠지. 나는 문이 열리는 엘리베이터에 타지 않고 발길을 돌렸다.

다시 내 자리로 돌아와 《알기 쉬운 VBA》라는 책을 펼쳤다.

"어, 쇼타 씨, 퇴근한 거 아니었어요?" 미카 씨가 엉거주춤한 자세로 들여다본다.

"아니요, 하다 만 일이 좀 있어서요." 그렇게 말을 하고 나는 작업을 시작했다.

둔갑술의 의미: 1 + 1 = 3

그로부터 3일 후, 청구서와 교통비 정산서의 자동 작성 툴을 완성시켰다. 제대로 작동하는 것을 확인한 뒤 미카 씨 앞에서 노트북으로 테스트했다.

질문에 대답하는 형식으로 청구서가 작성되는 과정을 지켜보며, "이거 정말 편리한데"라며 미카 씨가 하얀 이를 드러냈다.

"미카 씨가 조금 더 편하게 일할 수 있으면 좋겠다고 생각했어요"라고 나도 모르게 말했다. "아, 고마워요"라고 미카 씨가 멋쩍은 표정으로 대답했다.

나는 이 툴도 같은 방법으로 영업부 전체에 확산시켜야겠다고 생각했다. 곧장 메일을 작성했다.

작성을 끝내고 송신 버튼을 누르자, "쇼타 씨, 잠깐 이리로 와 볼래요?"라고 미카 씨가 손짓한다. "왜 그러세요?"라며 따라가자, 사무실 출구를 지나 휴게실로 들어간다. 자동판매기에서 캔 음료를 사서 나를 향해 던졌다.

"고마워서 한턱 쏘는 거야." 그렇게 말하고 미카 씨는 창가에 놓인 의자에 앉았다.

"감사합니다."

'미카 씨가 음료를 사주다니, 뜻밖인데?'라고 생각하며 캔을 땄다.

창밖으로 시선을 돌리자, 맞은 편 빌딩 여러 곳에 불이 켜져 있었다. 음료를 마시면서 나는 왜 프로그램을 만들었는지 미카 씨에게 설명했다.

처음에는 '**다능공**'이라는 생각을 바탕으로 사무 담당자의 일을 도왔던 일, 그 일에서 비롯해 자동화의 중요성을 느껴 VBA로 툴을 만들어 '**횡전**'했던 일, 그리고 이번 일처럼 다른 서류에도 응용이 가능하지 않을까 생각해낸 일까지….

미카 씨는 내가 의미를 알 수 없는 용어를 쓴다며 이따금 창밖을 바라보는 등 딴청을 피우기도 했다.

어느 정도 이야기를 나누었을 즈음에 등 뒤에서 목소리가 들려왔다.

"나쁘지 않은 생각인데."

감색 점퍼가 눈에 들어왔다.

"이사님, 수고 많으십니다." 내가 가볍게 인사를 하자, 미카 씨도 쫓아서 인사를 했다.

"엿들은 것 같아 미안한데. 쇼타 씨의 그런 생각은 '**산술**算術**보다 둔갑술**'이라고 하는 거야."

"산술보다 둔갑술?" 의자에 앉아있던 미카 씨가 복창을 했지만, 목소리는 안으로 기어들어가듯 작았다.

미카 씨 쪽을 보고 고개를 끄덕이며 이사는 말을 이었다.

"그래, 처음에는 사무 담당 직원이 품의서를 작성하는 시간이 너무 많이 걸려서, 대신 만들어봤었지. 그 단계에서는 이른바 '1+1=2'라는 계산이 나오지. 그런게 거기서 멈추지 않고 자동화할 수 있는 툴을 만들었어. 더 나아가 '같은 방법으로 다른 서류도 만들 수 있지 않을까?'라고 생각을 전환하여 효율을 높였던 거였지. 마치 둔갑술을 하는 것처럼 1+1을 3이나 4로 만든 셈이야. 단순한 계산이나 과거의 숫자 지금까지 해왔던 방법에 구애받지 않고, **생각을 전환하기에 따라 업무 효율을 얼마든지**

높일 수 있다는 이야기야."

내가 둔갑술을 사용한 것은 아니었지만, 그런 말을 들으니 기분이 나쁘지 않았다. 그때 미카 씨는 자동판매기 쪽으로 다가서며 말했다.

"예컨대 우리 IT 업계에서 말하는 공수* 삭감을 말씀하시는 거군요."

공수의 한계: 시간당 작업량 vs. 1인당 작업량

이 발언은 왠지 이사에 대한 도전적 의견인 것처럼 들려 나는 내심 조마조마했다. 그러나 내 걱정을 뒤로한 채 이사는 담담하게 말을 이어갔다.

"분명히 엔지니어 세계에는 '공수'라는 말이 있지. 그렇지만 공수라는 이름은 개개인의 시간당 작업량은 계산할 수 있지만, 인간의 잠재력이라고 할 수 있는 1인당 능력은 계산이 불가능하지. 지혜라든지 능력에 한계란 있을 수 없으니까. 그러니 그것들의 성장을 기대하는 수밖에 없어. 공수라는 생각은 스스로 한계

---

* 工數: 일정한 작업에 필요한 인원수를 노동시간 또는 노동일로 나타낸 수치. 이를 토대로 표준 노무비를 산출하여 원가관리의 참고 자료로 이용한다.

를 설정하는 셈이지. 일이란 건 계산할 수 없는 요소까지도 시야에 두고 성장시켜야 하는 거야."

미카 씨는 가볍게 고개를 끄덕이면서 음료를 다 마시고 빈 캔을 쓰레기통에 던진 뒤, 휴게실을 나갔다. 나는 서둘러 "미카 씨, 잘 마셨습니다"라고 했다. 그리고 이사에게도 "감사합니다"라고 말하고 미카 씨의 뒤를 따라나왔다.

미카 씨에게도 이사에게도, 양쪽 모두에게 좋은 인상을 주려고 애쓰는 내 모습이 천생 샐러리맨 같다는 생각이 들었다.

그때까지만 해도 샐러리맨이라는 사실이 싫어지는 사건이 닥칠 줄은 전혀 생각 못했다.

13

두 단계 위의 입장에서 생각해라

전체 데이터베이스 삭제: 전前 직원의 복수

초여름의 하늘은 겨울 하늘보다 넓게 느껴진다. 구름이 모양을 바꾸며 빌딩 사이로 지나간다.

새로운 한 달이 시작되던 그날, 나는 출근해서 언제나처럼 바로 고객과의 약속을 준비하려고 컴퓨터를 켰다. 고객 정보는 사내의 데이터베이스에서 관리하고 있고, 영업본부 직원 모두가 접근할 수 있다.

그런 줄만 알았다.

데이터베이스에 접속을 시도할 때마다 자꾸 에러가 났다. '데이터가 존재하지 않습니다'라는 표시가 나타났다.

몇 번이고 반복해서 데이터를 열어보려고 시도했지만 결과는 마찬가지였다. 조금씩 초조해지기 시작했다. "이거 사내에서 모두가 쓰는 데이터인데, 큰일인데…."

이런저런 시도를 하는 사이, 서서히 출근하는 사람들이 늘어났다. 그리고 여기저기서 "어?", "에러."라는 말들이 터졌다.

나뿐만 아니라 모든 컴퓨터에서 접속이 안 되는 것으로 판명이 났다. 이와 함께 사람들은 가장 먼저 접속을 시도한 나를 의심하기 시작했다.

"가장 먼저 오노 씨가 접속을 한 것 같아", "오노 씨가 처음으로 이상한 조작을 한 거 아냐?", "오노 씨가 잘못된 조작을 한 것 같은데…"라는 소문이 영업본부 전처로 퍼진 것이다. 뒤늦게 출근한 미카 씨 귀에는 "오노 씨가 데이터베이스를 망가트렸어요!"라는 말이 들어갔다.

"쇼타 씨, 아무리 어리석어도 그렇지, 영업본부의 데이터베이스를 망가트리면 어떻게 해! 도대체 뭘 하고 있는 거야, 정말."

"그게 아닙니다!" 나는 필사적으로 해명했다. 생각지도 못한 뜻밖의 오해를 풀기 위해 나는 아침부터 진땀을 흘렸다.

그 후, 정보총괄부서가 조사한 결과, 의외의 사실이 밝혀졌다. 지난달에 그만둔 직원이 데이터베이스를 삭제한 것이다.

영업 부장의 위기: 샐러리맨, 마치다 부장

만약 그것이 사실이라면 해당 직원의 소속팀은 물론 영업본부의 마치다 부장까지 책임을 지게 된다. 정보통으로 유명한 미카 씨에 따르면 원인을 찾아 신속하게 해결하지 못하면 마치다 부장은 감봉이든 강등이든 처분을 받을 것으로 보였다.

"대출받아 집을 장만했다고 자랑했었는데, 샐러리맨은 참 안 됐어."

미카 씨는 차가운 말투로 말하며 혀를 찼다. 나는 어쨌든 내 책임이 아니라 다행이라고 생각하면서 가슴을 쓸어내렸다.

회사 전체를 바라보는 센스
: 내가 부장이 된다면?

묘한 분위기도 가라앉고 한숨 돌릴 수 있게 되자, 유키 씨의 얼굴이 보고 싶어져서 카페 '나렛지'로 갔다. 원목의 묵직한 문을 열자 "어서 오세요"라는 남자의 목소리가 들렸다. 가게 안을 둘러봤지만 어디에도 유키 씨는 없었다. 쉬는 날인 듯했다.

뭐야, 하며 어깨를 늘어트리고 앞으로 걸어가다, 어깨가 갑자기 튀어 올랐다. 또다시 긴조 이사와 마주쳤기 때문이었다.

"어, 쇼타 씨. 자네도 쉬는 시간인가? 여기 앉지 그래."

나는 시키는 대로 이사 앞에 앉았다. 모처럼 편한 시간을 보내려고 했는데…. 이래서야 다시 긴장을 해야 할 것 같았다. 그러나 이미 엎질러진 물이었다. 마지못해 따뜻한 커피를 주문했다.

"일전의 둔갑술은 참 좋았어. 업무드 조금은 원활해졌겠지?"

"원활이라… 오늘 아침의 데이터베이스 건이 정말 큰일이었습니다. 마치다 부장님은 어떻게 되는 거지요?"

"음? 아아." 이사의 눈이 갑자기 날카로워졌다. 이어서 그는 입을 열었다. "쇼타 씨라면 어떻게 대응할 것 같은가?"

"저, 저 말입니까?" 잠시 생각을 하긴 했지만 "아뇨, 제가 부장이 아니라 잘 모르겠습니다"라며 양손을 만세 하듯 살짝 들어 올렸다.

순간 긴조 이사의 미간에 주름이 생기는 듯했다.

"그런 생각으로는 안 되네. **두 단계 위의 입장에서 생각해봐야지.**"

몸이 굳어버린 나에게 긴조 이사는 담담하게 말을 이어갔다.

"쇼타 씨, 평사원에게도 **회사 전체를 바라보는 센스**가 필요한 거야. 자신의 일에만 몰두하면서 작은 부분만 바라보면 오히려 회사 전체의 효율을 해치는 경우가 종종 발생하지. 회사 전체의 이익을 생각하기 위해서는 두 단계 위의 입장에서 생각해야 하네. 그런 생각을 가진 사람이 나중에 정말 위로 올라가거든."

머릿속에 마치다 부장이 떠올랐다. 마치다 부장도 입사 당시부터 그런 생각을 하며 일했을까, 아니면 부장이 된 다음 여러 가지를 생각하게 되었을까? 내 머릿속이 복잡한 상태에서 긴조 이사의 말이 다시 시작되었다.

"지금은 회사로부터 월급을 받고 있으니까 느낌이 없을 수 있지. 그렇지만 만약 쇼타 씨가 킹컴퓨터 경영자라면?"

"제, 제 회사라고요?" 나는 겨우 말할 수 있었다.

"그래. 자네가 사장이라면 말이야. 그렇게 생각하면 자신의 눈앞에 놓인 일을 하는 방법이 반드시 바뀌게 되어있어. 의식도 바뀌고 말일세. 그렇게 되면 혹시 나중에 독립했을 때도 크게 도움이 되겠지. 현장의 한 사람 한 사람이 그렇게 스스로 생각하고 자립하려 노력해야만 회사는 진화해나갈 수 있어."

말을 마친 이사는 계산서를 가지고 일어났다. 나는 멍하니 바라볼 수밖에 없었다.

하얀 커피 잔을 바라보면서 방금 전 이야기를 되새겨보았다. 자신이 속한 회사가 스스로 경영하는 회사라면? 지금까지 한 번도 그렇게 생각한 적이 없었다. 경영자는 경영자, 부장은 부장, 평사원은 평사원, 그렇게 선을 분명하게 긋고 각각 다른 세계의 사람이라고 생각하고 있었다. 다만 이사의 말은 요즘 깨달은 '다능공'이나 '횡전'과 같이, 현 시점에서 **관점을 바꾸는 것**이 중요하다는 이야기 같았다.

만일 내가 마치다 부장이라면, 이번 일처럼 퇴사하는 직원이 복수심에 데이터베이스를 삭제했을 때 무슨 생각을 할까? 역시 같은 일이 반복되지 않도록 대책을 강구하겠지. 그렇다면 지금 무엇을 해야 하지? 나는 한동안 커피 잔을 바라보며 생각에 잠겼다.

문제를 해결하는 방법 : 역시 부장님!

다음 날 아침, 언제나 그랬듯이 마치다 부장의 굵은 목소리로 하루가 시작되었다.

"자, 조례를 시작합시다."

항상 그랬듯이 오늘 진행될 부서의 일정과 연락 사항이 전달

된 후, 마치다 부장의 움직임이 갑자기 멈췄다. 고개를 들어보니 사무실 구석에서 긴조 이사가 손을 들었다.

"이사님, 하실 말씀이?"라고 부장이 말하자, 긴조 이사가 한 발 앞으로 걸어나오면서 마치다 부장에게 질문을 던졌다.

"어제 데이터베이스가 삭제되는 사태가 벌어진 것으로 알고 있습니다. 퇴사한 직원이 왜 데이터베이스를 지웠는지 궁금한데, 혹시 이유를 알고 있나요?"

마치다 부장은 가볍게 고객을 끄덕이더니 바로 입을 열었다.

"네…. 그 직원은 이전부터 잔업이 많았는데, 그것에 대해 불만이 많았습니다. 몇 번인가 잔업을 하고 싶지 않다는 이야기도 했었습니다. 아마 저를 곤란하게 만들려는 행동이었던 것 같습니다."

"아, 그랬군요. 그러면 어떤 대책을 세웠습니까?"

마치다 부장은 확실하게 대답했다.

"네, 잔업을 줄이는 방안에 대해 곧바로 검토하려 합니다."

긴조 이사는 살짝 미소를 짓고 "그렇다면 그렇게 해주세요." 하고는 그 자리를 떠났다.

그날 이후, 회사에서 잔업에 대한 생각이 바뀌어가는 듯했다.

주위로 확산시키려는 생각

횡전개橫展開의 줄임말인 횡전橫展은 도요타의 생각 그 자체라고 할 수 있습니다. '좋은 것은 적극적으로 확산시켜 전체의 효율을 끌어올린다', '서로 절차탁마切磋琢磨하며 더 좋게 만들어간다'. 이러한 생각을 중심으로, 도요타는 사내에서뿐만 아니라 외부로도 횡전을 해나갔습니다.

제1장의 '개선하려는 생각'에서도 자주 나왔지만, 도요타에서는 지혜를 중요하게 생각합니다. 그러나 한 사람의 지혜에는 한계가 있습니다. 그렇기 때문에 다른 사람의 지혜를 공유하기 위해서라도 횡전이 중요합니다. 또한 지혜를 공유할 때는 물론, 한 가지 아이디어를 조금 비틀어서 새로운 발상이 만들어지는 경우도 있습니다.

'벤치마킹'이나 '둔갑술' 등 '관점을 바꾸다'와 관련된 키워드가 그것을 잘 나타내고 있습니다.

지혜를 공유하는 방법 중 하나는 **'부서 간 정보 교환'**입니다. 작은 회사에서는 당연하게 하고 있다고 생각합니다만, 도요타에서는 각 부서뿐만 아니라 같은 직위 또는 같은 출신 지역끼리 모이는 기회가 있고, 거기서 서로 정보를 교환합니다. 그리고 저처럼 현장에서 일하는 정비사들도 각 지역별로 다른 영업소와 교류할 수 있는 기회가 자주 있었습니다.

일반인들이 보기에 영업소끼리의 교류는 없는 것 같겠지요. 하지만 각 지역별로 레크리에이션이나 동아리 모임 등 교류할 수 있는 기회는 의외로 많습니다.

또한 개선 성과를 평가하는 콘테스트와 발표회도 여러 차례 열립니다. 저도 이 콘테스트에 2년 연속 참가해 전국대회까지 나간 적이 있습니다. 대회현장에는 전국에서 내놓은 '개선 아이디어'가 화판에 전시되어있고, 사진을 찍는 사람들과 열심히 메모하는 사람들로 넘쳐났습니다. 그야말로 전국적인 수준의 대규모 횡전이 전개되어, 그 분위기에 확실히 압도당했었지요.

도요타의 재고관리 시스템으로 유명한 '간반방식''도 원래는 미국의 슈퍼마켓이 했던 것을 도요타가 도입해 독자적으로 진화시킨 것입니다. 자사에서 생각하는 것만으로는 한계가 있었기 때문에 관점을 약간 틀어서 해외의 작은 슈퍼마켓을 벤치마킹

---

* 저스트 인 타임(just in time): 도요타의 생산 시스템에서 사용되는 방법. 경제적 효율을 높이기 위한 체계화 기술로, '필요한 물건을, 필요한 시간에, 필요한 양만 생산한다'는 모토로 유명하다.

하는 방식으로 터득해냈습니다.

그리고 그것을 사내에 잘 전파하고 확산시키면서 국제적인 경쟁력을 가진 기업으로 성장시켰습니다.

횡전을 중심으로 하는 '**관점을 튼다**'는 생각! 어떤 일이나 직업에서도 해당되기에 꼭 한번 적용해보시기를 권합니다.

새로운 관점을 손에 넣다

1. 좋은 사례를 벤치마킹한다
2. 관점을 틀어 새로운 발상을 만들어낸다
3. 다른 사람의 지혜를 공유한다

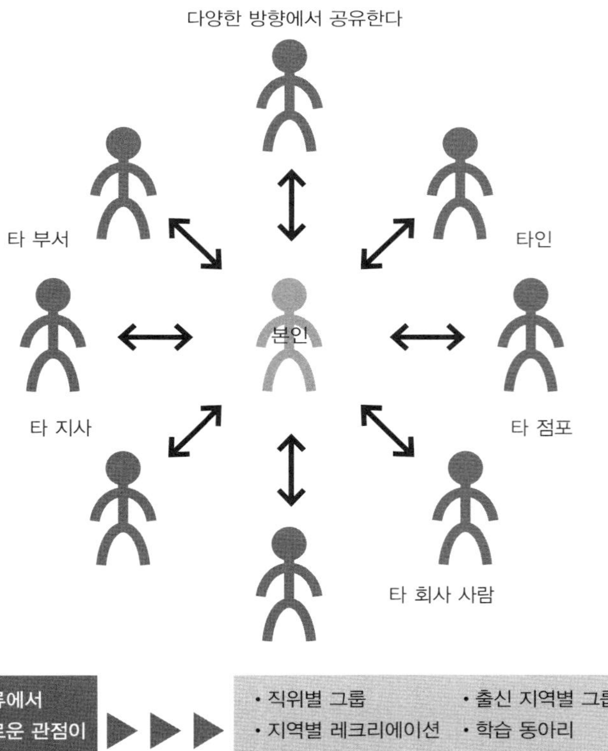

문제를 알면
90퍼센트는 해결할 수 있다

유효한 해결책은 문제를 어떻게 정확히 파악하는가에 달렸다.
그렇다면 문제의 본질을 어떻게 밝힐까?

POINT

문제는 항상 현장·현실 안에 있다

직접 생각해보는 힌트

1. 문제는 '봄'으로써 발견할 수 있다

2. 이용자의 실제 목소리와 상품의 소리를
'듣는다'

3.숫자는 현실을 말해준다

14

자신을 필사적으로 만드는
현장으로 가라

현장에서의 위기 상황 발생

: 불난 영업부의 전화들

사람이 많지 않은 아침시간에는 일이 잘 된다. 오늘 해야 할 일을 정리하려고 자리에 앉자마자 대표전화의 벨이 울렸다. 영업부를 둘러봤더니 후배 직원이 보이지 않아 직접 수화기를 들었다.

"안녕하십니까, 영업부 오노입니다."

"미즈타니건설의 사카시타라고 합니다만." 남성의 낮은 목소리가 귀에 전해졌다.

"아, 신세가 많습니다."

누구의 고객인지 알 수는 없었지만, 쾌활하게 인사를 주고받는다.

"저희 서버가 네트워크에 연결되어있지 않은 것 같아서요."

"네트워크에 연결되어… 네? 연결이 안 되어있다는 말씀이신가요?" 나도 모르게 목소리가 높아졌다.

"전혀 일을 할 수가 없는데, 이거 어떻게 해야 하나요?"

연달아 말하던 남성의 말투가 갑자기 강해졌다.

"죄, 죄송합니다. 담당자에게 확인해서 알아본 후에 바로 전화를 드리겠습니다. 대단히 죄송합니다."

나는 군색하게 대응을 하면서 간신히 전화를 끊었다. 서둘러 알아보고 전화를 해야 할 텐데….

"네트워크에 연결이 되어있지 않다니…. 도대체 어떻게 된 일이지…?"

그리고 마치 그 전화가 시합의 시작을 알린 듯 사무실 안의 전화기들이 하나둘 울리기 시작했다. 선배 직원들도 전화 대응을 하느라 바쁘게 움직였다. 나중에 출근한 사람들도 모두 수화기를 들 수밖에 없었다. 모두 같은 내용의 문의인 듯했다. 홈쇼

핑의 콜센터가 이런 느낌일까? 그런 상상을 할 때가 아니다.

왜? 왜 이런 일이 일어나는 거지?

출근시간이 지나서야 대책을 강구하기 시작하였다. 전화 대응은 우선 총무부와 사무 담당자에게 맡기고, 마치다 부장이 영업부를 소집했다. 모두 빠른 걸음으로 회의실로 모였다.

단, 미카 씨는 고객과의 약속 때문에 참가하지 않았다. 미안해하는 표정을 지으며 사무실을 나서는 미카 씨를 곁눈으로 보면서 회의실로 들어갔다. 회의실은 긴박한 공기에 휩싸여있었다.

팀장의 유형
: 책임지는 사람 vs. 책임을 회피하는 사람

회의 결과, 긴급히 고객대응팀과 문제해결팀으로 나눠 대책팀을 꾸리기로 했다. 고객대응팀은 걸려오는 전화와 메일에 대해 양해를 구하고, 문제해결팀은 말 그대로 지금 일어나고 있는 문제를 신속하게 해결하기로 했다.

그런데 '처음 전화를 받았다'는 이유인지 마치다 부장 입에서 "문제해결팀은 오노 씨가 주도해주세요"라는 지시가 떨어졌다. 살인 사건의 첫 번째 목격자가 의심을 받는 것도 이런 이유 때문이겠구나.

회의가 끝나고 기분이 가라앉은 채 자리로 돌아가던 차에, 긴조 이사가 마침 그곳을 지나갔다.

"이사님, 안녕하세요." 나는 무심코 말을 걸었다.

"뭔가 문제가 생긴 것 같은데?" 이사는 묘한 표정을 지으며 되물었다.

"네, 그렇습니다. 그런데 제가 문제해결팀을 주도하라는 지시를 받았는데, 어떻게 해야 할지 전혀 모르겠어서…. 이럴 때는 어떻게 해야 하는지요?"

긴조 이사는 나를 매섭게 쏘아보며 말했다.

"그건 안 될 말이지! 스스로 생각해보는 것이 어떨까?"

중후한 위압감에 눌려 움직이지 못하는 나를 흘끗 보며 이사는 그 자리를 떠났다.

터벅터벅 자리로 돌아와보니, 여전히 전화가 빗발치고 있었다. 후배 직원 몇 명이 나에게 와서 "선배님, 어떻게 할까요?"라고 물었다.

나는 "나, 나중에 알려줄 테니 가서 기다리고 있어"라는 말만 전달하고 책상에 엎드렸다.

어떻게 해야 할까?

"다녀왔습니다." 외출했던 미카 씨가 돌아왔다. 나는 미카 씨에게 다가가, 회의 내용을 알려주면서 "미카 씨가 주도해서 해주시면 안 될까요? 부탁드립니다!"라고 말했다. 하지만 미카 씨는 "미안, 또 다른 일이 있어서"라며 상대조차 해주려 하지 않았다.

결국 내가 향한 곳은 화장실이었다.

문제 해결
: 팀 간 소통은 만능키(feat. 사내 매뉴얼의 부재)

화장실에 쪼그리고 앉은 채 그저 머리만 쥐어뜯었다. 네트워크에 연결되지 않는 이유가 도대체 뭐지? 왜 여러 고객사에서 이런 일이 발생하는 거지?

…그래, 여러 고객사에서 발생한다는 것은 분명 물리적인 현상일 가능성이 높아. 그렇다면 소프트웨어의 문제? 소프트웨어가 어떻게 된 거지? 오늘 아침부터 갑자기 어떻게 된 거야?

생각해보자, 문제는 오늘 아침부터 동시다발적으로 발생한 거야. … 그렇다면 어젯밤에 뭔가 있었던 거야!

나는 화장실에서 뛰쳐나와, 아래층 사무실로 뛰어 내려갔다. 운영팀의 자마 씨가 있는 곳이다.

"자마 씨, 죄송합니다."

멀리 보이는 자마 씨는 책상 위의 컴퓨터를 바라보며 바쁘게 키보드를 두드리고 있다. 모니터 조명이 자마 씨를 비추는 후광처럼 보였다.

"자마 씨, 혹시 어제 소프트웨어 관련해서 크게 변동한 사항이 있었나요?"

가까이 다가가 질문을 던졌다.

"어제…." 자마 씨는 화면을 바라본 채 생각에 잠겼다. 그러자 등 뒤쪽에서 소리가 들렸다.

"어, 어제는 인터넷모니터의 업데이트를 하는 날이었지요." 안경남이었다.

"죄송합니다. 인터넷모니터가 뭐였지요?" 나는 되물었다.

"서버에 붙어있는 애플리케이션인데요, 네트워크를 감시하는 툴입니다. 정기적으로 업데이트하고 있는데, 어제 업데이트 제품이 자동으로 배포되었을 겁니다. 그런데 그게 문제를 일으켰나요?" 안경남은 손가락으로 안경테의 가운데를 살짝 들어 올리며 말했다.

나는 오늘 아침 일어난 일을 두 사람에게 설명했다. 그러자 자마 씨의 얼굴색이 점점 변해갔다.

"네트워크 장애란 말이지…?"

자마 씨는 그렇게 속삭이듯 말하고는 기세 좋게 키보드를 두

드리기 시작했다. 그리고 안경남으로부터, 업데이트 제품에 문제가 있다는 것을 발견했으니 수정 패치를 만들어 테스트해 본 뒤, 다시 긴급 배포하겠다는 말을 들었다.

배포가 끝나고 영업부에 확인전화를 해봤더니, 고객사의 문제는 해결된 듯했다.

그리고 자마 씨에게 이유를 물었더니, 업데이트 제품의 테스트가 충분하지 못했다는 답을 들었다. 운영팀은 바로 테스트 범위를 확대하기로 했다. 나는 크게 가슴을 쓸어내렸다.

그런데 장애가 발생했을 때 어떻게 대처를 해야 하는지에 대한 사내 매뉴얼이 없는 것이 마음에 걸렸다. 문제가 발생하면 어떻게 해야 할지 정해놓아야 하지 않을까?

우선 운영팀이나 개발팀과 의논하기 위한 절차와 연락처를 적은 표를 만들어 영업본부 전체에 배프하기로 했다.

위기 상황은 비약의 기회
: 당사자라는 의식, 문제의 보유자

정신을 차려보니 벌써 주위는 어두컴컴했다. 정말 피곤한 하루였다. 화장실에 갔다오면서 어슬렁어슬렁 복도를 걷고 있는데, 등 뒤에서 목소리가 들렸다.

"정리된 것 같던데?" 긴조 이사였다.

"네, 정말 힘들었습니다. 몇 번이고 도망치고 싶었습니다. 두 번 다시 이런 일이 없었으면 좋겠습니다."

"아니지, 잘된 일이지."

"잘됐다고요? 뭐가 잘됐다는 말씀이신지요?" 나는 날카롭게 대답했다.

"도요타에는 '자신을 필사적으로 만드는 현장으로 가라'는 말이 있어. 그렇게 말을 하면서 긴조 이사는 수염을 쓰다듬었다.

"필사적인 현장?"

"그래, 힘든 상황에 처했을 때 우는 소리를 낼 것인지, 지혜를 발휘해서 능력을 보여줄 것인지로 인간의 가치가 정해지는 거야. **현장에서의 위기 상황을 자신이 비약^{飛躍}할 수 있는 기회로 만드는 것이 도요타의 방식이라고 할 수 있지.**"

나는 오늘 아침 화장실에서 머리를 쥐어뜯으며 힘들어했던 때를 떠올렸다. 분명히 어떻게든 해야겠다는 절박한 심정이었다. 평소와 다르게 머리를 풀가동시켰던 것 같았다.

"'위기는 비약의 기회'라는 거군요! 그렇다면 위기가 있는 곳에 일부러 찾아가기라도 하란 말인가요?"

"그래. 때로는 자신을 궁지로 몰아넣어 필사적으로 지혜를 발휘하는 경험도 중요해. 문제가 없는 현장과 문제가 있는 현장 중에서 어느 한쪽을 선택해야 한다면, **솔선해서 문제가 있는 현장에 서보는 것이 반드시 필요하지.**"

긴조 이사는 이렇게 말하면서 내 등을 '툭툭'하고 두드렸다. 오늘 있었던 일들이 머릿속에서 맴돌았다.

'필사적으로 지혜를 내야 한단 말이지. 그래, 분명히 이번 일을 계기로 규칙이 바뀌기도 했으니까!'

"지혜를 내기 쉬워진 것 같지 않나? 결코 해서는 안 되는 건 문제가 발생했는데 모른 체 하는 것이야." 이사는 손바닥을 위로 향해 들고 옆으로 펼쳐보였다.

"모르는 척…." 미카 씨의 모습이 떠올랐다. 그 사람, 어쨌든 우리 팀의 팀장인데….

"뭔가 문제가 생기면 **당사자라는 의식**을 해야 하네. 그리고 스스로 '**문제의 보유자**'가 되는 거야. 문제가 있는데도 외면하면서 아무런 생각을 하지 않는 것은 비즈니스맨으로 실격이야."

그런 말을 남기고 긴조 이사는 그 자리를 떴다.

"'문제의 보유자'란 말이지"라고 중얼거리며 자리로 돌아와서 빵을 한가득 입에 물고 있는 미카 씨와 눈이 마주쳤다.

"해결했어요?" 입을 오물오물하며 말한다.

"네, 겨우."

“어, 잘 됐네. 나도 그때 말한 상담 건이 잘 될 것 같아요.”

“그런가요. 그거 참 잘 됐네요.”

스스로 필사적인 장소로 가지 않는 미카 씨이지만, 왠지 미워할 수 없는 사람이기도 하다.

그런데 나는 용서를 했지만, 그녀를 용서하지 못하는 사람이 있었다.

15

삼현주의를 기억하라

현장, 현물, 현실: 쇼타 등은 새우 등

다음 날 긴조 이사가 미카 씨와 나를 호출했다.

회의실로 들어서자 정면에 이사가 앉아 팔짱을 끼고 있었다.

"어제는 많이 힘들었지?"

나에게 한 질문이었기에 손사래를 치며 "아닙니다, 아닙니다"라고 대답했다.

그리고 긴조 이사는 미카 씨에게 말을 걸었다.

"그런데 에비나 씨, 자네는 어제 뭘 하고 있었지?"

"고객 상담을 했습니다."

미카 씨는 아무 일도 없었다는 듯이 담담하게 대답했다. 변함 없이 사람을 조마조마하게 만드는 태도다.

"어제 회사에 무슨 일이 있었는지는 알고 있나?"

"네, 쇼타 씨로부터 들어 알고 있습니다."

휴, 하고 한숨을 한 번 내쉬고 이사는 내 얼굴을 쳐다보며 말을 이어갔다.

"자, 쇼타 씨에게 물어보겠네. 문제를 해결하면서 에비나 씨에 대해 생각한 것이 없었나?"

"미카 씨에 대해 말인가요?" 나는 천장 구석을 쳐다봤다.

어떻게 말을 해야 할지 생각하고 있었는데, "솔직하게 말해주세요"라고 이사가 독촉한다.

"뭐야, 할 말이 있으면 해보세요." 미카 씨가 끼어들며 말을 한다.

이사와 미카 씨 사이에 끼여 숨이 막힐 것 같았지만 간신히 말을 내뱉었다.

"할 수 있으면, 솔선해서 대응해주었으면 하고…."

긴조 이사는 가볍게 고개를 끄덕이며 말을 했다.

"그렇겠지. 에비나 씨에게 부족한 것은 '삼현三現주의'니까!"

"삼현주의…?"

"'**현장**으로 가서, **현물**을 보고, **현실**을 알다'라는 뜻이네. 3개의 '현現'에는 다양한 의미가 포함되어있지만, 차차 알게 될 걸세."

긴조 이사는 의미심장한 웃음을 지어 보였다. 그리고는 말을 이어갔다.

"이봐, 에비나 씨, 문제가 발생하면 상사는 솔선수범해서 현장으로 가야 하는 거야."

미카 씨는 한쪽 손을 꽉 쥐면서 반론한다.

"저는 외부에서 고객과 약속이 있었습니다. 어쩔 수 없었던 것 아닌가요?"

"역 앞에 있는 카페에서의 약속이었나? 왜 고객을 사무실로 오시라고 하지 않았지?"

"그건…."

미카 씨는 얼굴이 빨개지면서 말을 잃었다. 이야기의 흐름으로 봐서 아마도 역 앞 카페에 있는 것을 이사가 목격한 것 같았다. 그렇다면 고객과의 약속도 그렇고, 상담이 잘 되었다는 것도 거짓이었단 말인가.

숨이 막힐 듯한 긴장감이 사무실을 감쌌다. 나는 답답한 느낌을 참지 못하고 말을 꺼냈다.

"저어, 제가 정말 힘든 상황에 처해서 아이디어를 낼 수 있었으니까, 결과적으로 잘된 일이라고 생각합니다."

나도 모르게 미카 씨를 옹호하는 발언을 하고 말았다. 이사는 나를 향해 손바닥을 보이면서 다시 말하기 시작했다.

"쇼타 씨, 그것과 이것은 다른 이야기야. 지혜를 내기 위해 필사적으로 매달리는 것은 정말 중요한 일이지만, 부하 직원이 문제에 직면해있으면 상사는 그곳으로 가야 마땅하거든."

나는 열렸던 입을 조용히 다물었다. 이사는 거침없이 또다시 낮은 목소리로 말한다.

"상사는 신뢰를 바탕으로 부하 직원을 키워나가야 해. 그러기 위해서는 상사 스스로 현장을 제대로 알고 있어야지. 데이터나 보고만이 아니라 직접 자신의 눈으로 현장에 가서 보고 확인하는 거지. 사실의 뒤편에 어떤 문제가 도사리고 있는지 자신의 눈으로 발견해야 하는 거야. 그럴 능력이 없으면 관리자라고 할 수 없어."

미카 씨는 벽 쪽을 바라볼 뿐 이야기할 생각도 없어보였다. 그런 미카 씨를 무시라도 하는 것처럼 이사는 나를 향해 말을 이어갔다.

"쇼타 씨도 잊지 말아야 할 거야. 문제가 발생하면 우선 현장으로 달려가야 하네. **현장이야말로 학습할 수 있는 최고의 장소거든**. 현장을 보면 자신의 생각이 좋았는지 나빴는지 판단할 수 있어. 그러면 그건 다시 새로운 문제점이 되는 거야. 일은 책상 위에서만 하는 것이 절대 아니야. 현장의 실물을 보고, 실체를 확인하면서 해나가야 하는 거니까."

"현장이야말로 학습을 할 수 있는 최고의 장소란 말인가?"

긴조 이사는 턱수염을 쓰다듬으며 자리에서 일어났다.

"아, 잊고 있었네, 나는 또 출장을 가야 해. 이번에는 아마 한 달이 될 거야."

"한 달이나요? 그동안 저는 어떻게 하면 되는지요?"

"몇 번을 말해야 알아듣나? 다른 사람에게 의지하지 말라고!"

미카 씨 쪽도 바라보며 이사는 말했다.

"그렇다고는 하지만, 나도 영업 담당 이사로서의 책무를 다해야 하니까. 이거 받게나."

그렇게 말을 하면서 내민 것은 포켓사이즈의 링노트였다. 두껍지는 않았지만 적갈색으로 바래버린 표지에서 예스러움을 느낄 수 있다.

"여기에 삼현주의에 대한 생각을 적어놨네. 곤경에 처했을 때 읽어보도록 해. 뭔가 힌트를 얻을 수 있을지 모르지."

"알겠습니다."

나는 작은 노트를 양손으로 들고 대답했다. 미카 씨는 이미 수긍할 생각도 없어 보였다.

16

현장이 먼저, 데이터는 나중이다

삼현주의 노트 1: 실적 부진에는 베테랑 형사처럼

  하늘은 두꺼운 구름으로 뒤덮여있었다. 아침부터 이슬비가 끈질기게 내리고 있다. 장마 때의 어두운 하늘처럼 팀의 분위기도 어두침침했다.

  이번 달은 부서의 매출 목표를 달성하지 못한 것 같았다. 인트라넷에 올라온 숫자를 보니, 단골 거래처의 서버 발주 의뢰가 줄어든 듯했다.

미카 씨는 아침부터 마치다 부장에게 불려가서인지, 계속 기분이 나빠 보였다. 점심시간 전에 미카 씨가 회의를 소집해 팀 미팅이 진행되었다.

"매출 증가를 위한 대책을 세우라그 부장님이 말씀하셨습니다. 우리 팀 실적이 가장 안 좋다고 하네요."

마치 남의 일인 것처럼 말을 하지만, 늘 있어왔던 일이기도 하다.

"왜 우리 실적이 제일 안 좋은지, 원인을 찾아봤으면 합니다."

심각한 말투로 단언하듯 말하는 미카 씨를 중심으로 논의를 시작했다.

킹컴퓨터의 서버가 팔리고 있는 업종별·시기별 다양한 데이터를 보면서 분석을 했다. 하지만 각각의 견해가 모두 옳은 것 같기도 하고, 의견이 분분하기도 해서 하나로 정리하기가 어려웠다.

어디선가 "꼬르륵" 하고 소리가 나자 이미 점심시간이 지났다는 것을 뒤늦게 알아차렸다. 시간이 많이 초과되어 어쩔 수 없이 회의를 끝내기로 했다.

모두가 회의실을 나간 후, 나와 미카 씨만 자리에 남았다.

"어떻게 해야 할지 모르겠어… 정말.'

미카 씨는 중얼거리며 천천히 자리에서 일어섰다.

“아! 맞다, 그 노트를 한번 확인해볼까요.”

말을 하면서 나는 적갈색으로 바래버린 긴조 이사의 〈삼현주의 노트〉를 주머니에서 꺼냈다.

“쇼타 씨, 정말 그런 거에 의지할 생각이야?”

미카 씨는 어이없다는 표정으로 나를 보며 다시 의자에 주저앉는다.

노트를 펼쳐보니, 첫 페이지에는 ‘**현장**現場 · **현물**現物 · **현실**現實’이라고 써있다.

다음 페이지로 넘기자, 크게 ‘현장’이라고 써있다. 그 옆 페이지를 읽어보았다.

“현장이 먼저, 데이터는 나중.”

“어?” 미카 씨는 턱을 괴면서 말을 한다.

“데이터는 나중…? 미카 씨, 이거 정말 지금 상황과 딱 들어맞는 이야기 같은데요.”

미카 씨가 턱을 괸 채 담담하게 대답한다.

“그거야 우연히 그런 거겠죠. 데이터가 얼마나 중요한데, 바보 같은 소리예요. 그런 더러운 노트에 써있는 걸 어떻게 믿어!”

“우선 현장으로 달려가보라는 말 아닌가요?”

나는 노트를 가리키며 반론했다.

“현장, 현장! 좀 시끄럽다. 베테랑 형사도 아니고 말이야.”

나는 그렇게 말하며 주저하는 미카 씨를 설득해 거래처를 방문해보기로 했다. 우리 팀에서 가장 많이 서버를 납입하고 있는 고객이었다. 하지만 최근 반년 사이 신규 주문이 없었다. 그 이유가 궁금했다.

고객사 방문: 교체된 담당자

"갑자기 방문해서 죄송합니다. 다케이시 씨 계신지요?"

안내데스크의 전화로 업무 담당자를 불렀다.

작은 체구의 남성이 눈앞에 나타났다.

"죄송합니다. 다케이시 씨는 지금 자리에 없습니다. 제가 응대해드리겠습니다."

미팅룸으로 안내를 받은 우리는 그와 명함을 교환했다. 그리고 바로 몇 가지 질문을 했다.

"다케이시 씨가, 혹시 오늘 쉬시는 날인지요?"

"아니요, 그런 것은 아닙니다."

그는 말하기 어려운 듯 우물거렸지단 계속해서 이야기를 해주었다. "사실 다케이시 씨는 벌써 퇴사했습니다. 죄송합니다."

"네? 그렇지만 청구서 발주자는 다케이시 씨로 되어있던데…."

미카 씨는 들고 있던 자료를 보면서 입을 열었다.

"아, 예전 템플릿을 그대로 사용하고 있어서요. 죄송합니다. 지금 담당자는 오시로 씨입니다. 오늘은 공교롭게도 쉬는 날입니다만…."

그는 미안해하며 몸을 낮췄다.

"무례한 질문을 해서 송구합니다만," 미카 씨가 말을 꺼냈다.

"뭔가요?"

"최근 귀사로부터의 발주가 줄어들고 있습니다. 혹시 이유를 알고 계신지요?"

미카 씨는 직설적으로 질문했다. 나는 도저히 따라할 수 없는 일이다.

"줄고 있나요? 어? 서버를 분명히 늘리고 있을 텐데요. 아! 그러고 보니 새로운 담당자인 오시로 씨 친구 중에 다이아컴퓨터에 근무하는 사람이 있다고 하더라고요. 그런 관계도 있고 해서 서버 구입처를 조금씩 바꾸고 있다고 했던 것 같은데요."

작은 체구의 남성은 겸연쩍은 표정을 지으며 말했다. 어색해진 분위기를 반영하듯 그의 말끝은 점점 흐려지고 있었다. 사정을 알게 된 우리는 건성으로 인사를 마치고 그 회사를 나왔다.

'보다'라는 행위: 미카 씨의 깨달음

돌아가는 전철 안에서 나는 손잡이에 손을 휘감으며 말했다.

"담당자가 정기적으로 얼굴을 내밀지 않으니까 이런 일이 생기는 거 아닌가요?"

"됐어. 나는 담당자가 아니거든."

미카 씨는 이렇게 말하고는, 손잡이를 힘 있게 쥐었다. 역시 현장이 중요하다는 말의 의미를 이제야 알 것 같았다.

나는 다시 〈삼현주의 노트〉를 펼쳤다. 역에 도착해 회사로 걸어가며 '현장' 부분을 다시 읽었다. 그러자 옆에서 같이 걸어가던 미카 씨가 손가락으로 이쪽을 가리키며 말을 했다.

"안쪽에도 뭔가 써있는 것 같은데. 그쪽도 읽어봤어?"

안쪽 페이지를 보자 분명히 작은 글씨로 뭔가가 빽빽이 써있었다. "어? 정말이네요. 한번 읽어볼게요."

나는 소리를 내서 읽었다.

"'문제 해결'이라고 하면, 데이터 분석을 중심으로 진행하려는 사람이 적지 않다. 그러나 데이터만으로 절대 모든 원인을 알 수 없다. 데이터 분석은 본격적인 착수에 앞서 원인을 예측해볼 때 필요한 것이다. 중요한 것은 **현장을 면밀히 살피는 것이다**. 데이터는 현장에서 알아낸 것을 실증할 뿐이다. '**보다**'는 행위가 있고 나서 비로소 문제와 원인을 파악할 수 있다는 것을 잊어서는 안 된다. 실제로 도요타의 임원은 무슨 문제가 있다고 생각하면, 1시간이고 2시간이고 계속 현장을 지켜본다.”

“현장이란 말이지, 그래그래.” 미카 씨는 이렇게 말하고는 시선을 아래로 내린 채 계속 걸어갔다.

미카 씨의 등 뒤에 대고 나는 혼잣말을 내뱉었다.

“미카 씨, 우리가 현장을 너무 안 본 것 아닌가요?”

노트에 써진대로 ‘보다’라는 행위가 있고 나서 비로소 문제와 원인을 알 수 있다는 것을 실감했다.

17

복도에는 돈이 떨어져있다고 생각해라

삼현주의 노트 2

: 복도에 떨어진 돈을 주우라고?

걸어가면서 다음 페이지를 살펴보니 작은 글씨로 뭔가 적혀 있었다.

나는 멈춰 서서 내용을 확인하고 미카 씨에게 말을 건다.

"미카 씨, 내용이 더 있습니다."

뒤돌아보는 미카 씨는 분명히 기분이 상한 듯했다. 나는 아랑곳하지 않고 다가가 내용을 소리내어 읽었다.

"'복도에는 돈이 떨어져있다고 생각해라'라고 써있네요."

"뭐? 복도에 떨어진 돈을 주우라는 말이야? 나는 그 정도까지 궁하지 않거든."

미카 씨는 복도를 손가락으로 가리키며 미간을 찌푸렸다.

"아니요, 주우라는 말이 아닌 것 같은데요, 그렇다면 이건 무슨 뜻이지?"

"나도 모르겠어. 다른 건 더 안 써있어?"

"네, 이 페이지에 더는….'"

"그럼, 모르겠네." 미카 씨는 휙 돌아서서 다시 걷기 시작했다. 나는 조용히 따라갈 수밖에 없었다.

일전에 있었던 '담당자가 어느새 바뀌어있었다'라는 건을 계기로 우리 팀은 고객사를 방문하기로 했다. 미카 씨도 노트에 써 있는 지시를 순순히 받아들이는 것이 분한 듯 말이 없었다. 하지만 분명히 의식은 하고 있었다. 애당초 '고객사를 방문하세요'라는 것은 미카 씨의 지시였기 때문이다.

나 역시, 신규 고객보다 기존 고객을 찾아가는 횟수를 늘렸다. 뭔가를 판매하는 이야기 대신 잡담을 하거나 세상 돌아가는 이야기를 했다. 영업 일을 하고는 있지만 잘하는 편도 아니었기 때문에, 고객이 하는 말을 들어주는 경우가 많았다.

고객들의 이야기 주제는 다양했다. 고객사가 속해있는 업계의 불만이라든가 다른 회사 영업 사원에 대한 불만, 심할 때는 자신의 상사에 대해 불만을 토로하는 사람도 있었다. 그렇지만 고객이 자신의 아내에 대해 불만을 털어놓았을 때는 쓴웃음을 지을 수밖에 없었다.

고객과의 대화
: 의외의 콩고물, 마케팅의 구멍 발견

어느 화창한 날 오후, 나는 담당 고객사를 방문할 예정이었다. 미카 씨도 함께 가게 되었는데, 같이 가는 일이 거의 없었기에 조금 놀랐다. 일전의 **부하 직원의 현장에 가봐라**'라는 이사의 말을 의식한 것일까? 직접 물어볼 수는 없었지만 그런 기분이 들었다.

고객과의 미팅은 언제나처럼 "요즘 어떠신가요?"라는 말로 웃으며 시작했다. 그러자 고객은 불쑥 타사의 서버 제품 이야기를 하기 시작했다.

"일전에 서버 전면에 'Error'라는 영어 표시가 떠서 깜짝 놀랐어요. 작은 램프도 켜지면서….”

“아아, 그건 하드 장애인데요.” 미카 씨가 대답했다.

“맞아요, 분명히 고장이 난 거 같아서 전화를 했습니다. ‘스피드컴퓨터’가 납품한 서버였던 것 같은데….”

어, 그 회사는 우리 경쟁사인데.

“그랬는데 이틀이 지나서야 엔지니어가 온 거예요.”

“네? 너무 늦는데요.” 미카 씨가 깜짝 놀라 말했다. 분명히 이틀 뒤는 너무 늦다.

“그렇죠. 엔지니어가 올 때까지 에러 표시가 나오고 계속 불이 깜박이고 있는데, 정말. 도대체 어디가 ‘스피드’라는 건지….”

“우리 회사는 3시간 이내에 달려올 수 있습니다.” 내가 옆에서 끼어들었다.

“어, 그렇게 빨리요?” 고객이 눈을 크게 뜨고 물었다. 미카 씨는 이때다 싶었는지 바로 입을 열었다.

“네, 전국에 지점망이 있어서 각지의 서비스 엔지니어가 바로 대응하는 체제를 갖추고 있습니다.”

“뭐야, 그럼 킹컴퓨터로 바꾸는 것이 좋겠는데요?”

“꼭 부탁드립니다.” 미카 씨가 웃는 얼굴로 대답했다.

마케팅 아이디어 적용

: 애프터서비스라는 강점

회사로 돌아가는 전철에서 미카 씨와 나란히 자리에 앉았다.

"요즘 고객들의 이야기를 듣는 기회가 많아진 것 같아요."

"고객들도 '말할 상대가 있었으면…' 하고 바라는 거겠지. 아, 그건 그렇다 하더라도 스피드컴퓨터의 고객 대응은 너무 늦는 거 아닌가? 웃음밖에 안 나오네."

"맞습니다." 그렇게 말을 하면서 따라 웃으려다가, 문득 생각이 났다.

"미카 씨, 일전에 '복도에는 돈이 떨어져있다'는 말, 이런 게 아닐까요?"

"무슨 말이에요?"

"현장에는 다양한 수요가 널려있다, 뭐 그런 거요. 그걸 주우라는 거 아닌가 해서요."

"돈으로 바뀐다는, 그런 말?"

"네." 나는 고개를 끄덕였다.

"둔하다고만 생각했던 쇼타 씨가 그런 말을 하니까 새롭게 보이는데?"

미카 씨는 그렇게 말을 하면서 입꼬리를 올렸다. 그리고 고객 회사 쪽을 손가락으로 가리키며 말을 이어갔다.

"그렇다면, 오늘 들은 고객 말씀에 적용시켜보면 어떻게 되는 건가요?"

"킹컴퓨터의 애프터서비스가 다른 회사보다 빠르다는 것을 우리가 영업할 때 알리지 않고 있다는 거죠. 그러니까 고객이 깜짝 놀란 거 아닌가요? 그러니까 우리의 장점을 좀 더 적극적으로 전면에 내세워 마케팅할 필요가 있을 것 같습니다."

"음… 그래, 그게 맞는 거 같네요."

아이디어의 구체화
: '문제가 생기면 신속하게 현장으로'

그로부터 3일이 지난 금요일, 나와 미카 씨의 아이디어가 구체화되었다.

'문제가 생기면 신속하게 현장으로 달려간다'는 것을 명시한 전단지를 만들어 배포하기로 한 것이다.

그 전단지가 훗날 매출에 큰 영향을 미치게 될 것임을 그때 나와 미카 씨는 전혀 몰랐다.

18

사물에게 물어라

소비자의 심리: 유키 씨의 부재

"어서 오세요."

향긋한 커피향이 코를 찌른다. 카페 '나렛지'에 갔는데 유키 씨는 보이지 않았다. 무거운 발걸음으로 자리에 앉았다. 고개를 들어 주위를 다시 살펴봤지만 역시 오늘은 유키 씨가 보이지 않았다.

"에이, 이제 이 가게 그만 올까보다." 나는 한숨을 쉬며 혼잣

말을 내뱉었다.

삼현주의 노트 3: 사물에게 물어라

잠깐 동안의 휴식을 마치고 사무실로 돌아오자 미카 씨는 또 안절부절못하는 듯 보였다. 후배 직원에게 물었더니, 조금 전에 마치다 부장에게 불려 갔다 왔다고 한다. 영업 실적 일도 있고 해서인지 요즘 호출이 부쩍 늘어난 것 같았다. 팀장 역할이란 정말 쉽지 않은 것 같다.

윗옷을 집어 들고 일어선 미카 씨가 갑자기 "쇼타 씨, 나갈 테니 준비해요!"라고 말하고 출구 쪽으로 간다.

"네, 넷!" 나는 서둘러 준비해 따라나섰다.

찾아간 곳은 고객사 중 한 곳으로, 역사가 오래된 부동산 회사였다. 역시 요즘 신규 발주가 줄어들고 있는 곳이라며, 가는 길에 미카 씨가 분하다는 듯 털어놓았다.

고객사에 도착하자 인상 좋은 여직원이 접수 창구 옆에 있는 상담 코너로 안내했다.

"저희 회사는 보시는 것처럼 규모가 작아서 정보 시스템 부문이 따로 없습니다."

그 여성은 총무 담당이면서 시스템 관련 일도 함께 하고 있다고 했다.

미카 씨는 그 여성에게 질문을 던졌다. "요즘 서버 추가는 어떻게 하고 계신가요?"

여성은 고개를 갸웃거리며 대답했다. "현장에서 일하는 사람들이 '이 회사 서버가 좋다'라고 선택해서 알려줍니다. 저도 자세한 것은 잘 모르니까 모두 맡기고 있습니다." 여성은 쓴웃음을 지어 보였다.

"아, 그러시군요."

회사로 돌아가기 위해 전철을 기다리고 있는데 미카 씨가 투덜거렸다.

"그 사람에게 결정권이 있는 건 아니었잖아! 어쩔 수 없네요."

"네, 그러네요." 달리 방도가 없을까? 다른 회사 서버로 교체하는 것을 손가락을 빨며 지켜볼 수밖이 없을까?

"뭐야, 실제 현장에 와도 알 수 없는 일도 있네."

미카 씨는 무심코 이 말을 내뱉으며 승강장으로 들어오는 전철에 몸을 실었다. 나도 뒤를 따라 조금 혼잡한 전철 안으로 들어갔다.

선반 위에 가방을 올려놓으면서 문득 떠오르는 게 있었다.

"그래, 그 노트를 확인해봐야겠다."

“맘대로 하세요. 거기에 또 뭐가 있겠어.”

심드렁한 미카 씨 옆에서 나는 가방을 열어 〈삼현주의 노트〉를 살펴봤다. 그러자 ‘현장’이라고 쓰인 페이지 옆에 **‘사물에게 물어라**’고 적혀있었다.

“사물에게 물어보란 말이지”

“이게 뭐야, ‘모르는 건 나한테 물어봐요’가 아니고 사물에게 물어보라고? 이거, 우리들을 바보라고 생각하는 거 아닌가?”

오랫동안 거래했던 고객이 다른 회사로 옮기겠다는 상황과 맞물려 미카 씨는 신경이 곤두서있었다.

“사물에게 물어보란 말이지.”

나는 눈앞에 보이는 풍경을 바라보며 잠시 생각했다.

“사물이라고 하면…, 지금 같은 경우, 분명 서버를 말하는 거 같은데. 서버를 보면 뭔가 알 수 있다는 뜻 아닌가?” 내 입에서 엉겁결에 말이 나왔다.

“미카 씨, 다시 되돌아가서 우리가 납품한 서버를 한번 확인해보면 어떨까요?”

“귀찮아요, 현장에는 벌써 다녀왔잖아요. 가서 ‘알 수 없다’는 것만 알고.”

“그렇지만, 이 ‘사물에게 물어라’는 말이 너무 신경 쓰여서요.”

현장에의 적용: 서버에게 물어라

　다음 날 오후, 나는 고객 회사의 총구 담당 여직원에게 부탁하기 위해 다시 부동산 회사를 방문했다. 이번에는 미카 씨가 주저할 거 같아서 혼자 조용히 방문했다.

　고객 회사의 총무 담당 여직원은 이틀 연속 방문하는 것에 놀라워했다. 하지만 자사의 서버 상황을 확인하고 싶다고 말하자 흔쾌히 서버 룸으로 안내해주었다.

　"사물에게 물으라고 했으니까, 서버를 안 보면 말이 안 되지."

　그렇게 혼잣말을 하면서 서버 룸으로 들어갔다.

　서버 룸에는 킹컴퓨터의 서버를 포함해서 여러 회사의 서버가 정연하게 늘어서있었다. 그 공간에는 나지막한 기계음이 나고 있을 뿐이었다.

　킹컴퓨터의 서버를 한번 둘러보기는 했으나 특별히 이상한 것은 발견하지 못했다. 하는 수 없이 잠시 그냥 쳐다만 보고 있었다.

　이따금 작업하러 들어오는 직원들에게 "안녕하세요. 실례하고 있습니다"라는 인사말을 건네면서 그냥 무작정 계속해서 서버를 지켜보고 있었다.

사소한 원인: 원인 모를 소음 발생, '깅~'

서버 룸에는 창문이 없었기 때문에 시간이 얼마나 흘렀는지 알기도 어려웠다. 힐끗 손목시계를 보니 벌써 이곳에 들어온 지 3시간이 지나고 있었다. 조금 있으면 저녁시간이었다.

바로 그때, 서버에서 무언가 조금 큰 소리가 들리는 듯했다.

"어, 소리가 바뀐 것 같은데."

서버 가까이 가자, 분명히 '깅~' 하는 큰 소리가 나고 있었다. 그 소리는 점점 커지고 있었다. 그때 마침 그 옆을 지나가던 남자 직원이 의심스러운 눈초리로 나를 쳐다보았다. 나는 엉겁결에 말을 걸었다.

"저기 죄송합니다, 이 소리, 언제나 이런가요?"

"음, 가끔 그런데요. 저도 그렇고 다들 이 소리가 신경 쓰인다고 하더라고요. 그런데 이게 무슨 소린가요?"

갑자기 반대로 질문을 받은 나는 당황해 대답도 못 했다.

"네, 원인을 좀 조사해봐야 할 것 같습니다…."

"어쨌든 아무 탈 없이 잘 움직이고 있으니까 괜찮지만, 조치가 좀 필요할 것 같아요."

그 남자 직원은 그렇게 말하고 자리를 떴다.

"이 소리가 신경 쓰인다, 이 말이지."

확실히 기분 좋은 소리는 아니다. 그렇지만 장애가 발생한 것은 아니고….

"그래." 나도 모르게 이런 소리가 나왔다.

서버를 새로 사려고 할 경우 '소리 때문에 뭔가 좀 찜찜하니까'라는 이유에서 다른 회사를 선택하는 것이 아닐까?

나는 스마트폰을 꺼내 이 소리를 1분 정도 녹음했다. 시간이 조금 지나자 소리가 멈췄다. 정말 변덕스럽게 나는 소리인 것 같았다.

소비자의 심리 2: 사소한 것 때문어 흔들린다

다음 날 아침, 미카 씨에게 어제의 사정을 설명했다.

"또 그 회사에 갔었어요?"라며 싫다는 표정을 지어 보였지만, 소리에 대한 이야기를 하자 "그게 무슨 소리예요?"라며 관심을 보였다.

"네, '깅~' 하는 큰 소리가 서버에서 들려서 신경이 쓰인다는 사람이 여럿 있었습니다."

소리를 녹음했다고 말하자, 미카 상은 아래층에는 비밀로 하고 운영팀의 자마 씨를 불렀다. 잠시 후 어슬렁어슬렁 자마 씨가 왔다. 모두 같이 앉아 녹음했던 소리를 들어보기로 했다.

스마트폰에서 나오는 소리를 들으며 자마 씨가 입을 열었다.

"이건 팬 돌아가는 소리가 틀림없어요. 냉각용 팬이 돌아가는 소리예요. 리콜을 할 정도는 아니지만, 이 기종의 특성상 가끔 소리가 난다는 말은 들은 적이 있거든요. 중심축이 조금 틀어졌을 거야. 교환하면 바로 고칠 수 있어."

"바로 고칠 수 있어요?" 미카 씨가 물었다.

"네, 바로." 자마 씨의 어이없다는 대답에, 내 입에서는 나도 모르게 한숨이 나왔다.

"바로 고칠 수 있는데, 우리 서버가 그것 때문에 다른 회사 서버로 교체가 되었단 말이지."

"그까짓 것 때문에 우리 서버가 다른 회사 서버로 바뀌었다니, 정말 믿을 수가 없네."

미카 씨가 말을 하면서 고개를 들어 하늘을 쳐다봤다.

분명히 미카 씨의 말대로 '그까짓 것'이 맞다. 그렇지만 고객을 탓할 수는 없는 일이었다. 나 역시 유키 씨가 없다는 이유로 카페에 가지 않으니 말이다. 소비자의 심리는 결국 그런 사소한 것 때문에 흔들린 것일지도 모른다. 거기에 귀를 기울이고 있는지가 엄청난 차이를 만들어낸다.

'사물에게 물어라'는 말이 정말 옳았다. 짧은 말 한마디의 의미를 이렇게 깨우칠 수 있었다. 그러니까 현장에 가는 것을 넘어 한발 더 나아가 사물을 확인해야 한다는 말이었다.

오랜 전통을 자랑하는 그 부동산 회사에는 바로 연락해서 무상으로 팬을 교환해주겠다는 뜻을 전했다.

19

현실에서 벗어나지 않기 위해
숫자에서 눈을 떼지 마라

상승되는 팀 분위기: 팀 회식(feat. 미카 씨는 제외)

조금씩이긴 하지만 현장을 찾아가는 기회가 늘어났다. 그 덕분인지 팀 전체도 활기를 되찾고 있는 듯했다. 팀원들 모두가 웃는 시간이 많아졌고, 한 사람 한 사람의 목소리도 조금은 커진 것 같았다.

"다녀오겠습니다." "그래, 수고해요. 조심해서 다녀와요."

영업하기 위해 외출하는 후배 직원을 배웅하고 있는데, 눈앞에 있던 미카 씨가 말을 걸었다.

"우리 팀 요즘 많이 바빠진 것 같지 않아요?"

"네, 그런 거 같습니다." 미카 씨는 뭔가 만족스러워하는 듯했다. 나는 좋은 기회라고 생각하고 말을 꺼냈다.

"미카 씨, 요즘 팀 분위기도 좋은데, 가끔은 팀 회식 한번 하는 것도 좋지 않을까요?"

그러자 미카 씨는 양손을 흔들면서 "나는 괜찮으니까, 다녀와요"라며 손사래를 친다.

이 사람은 늘 그랬다. 사람들과 어울리지 않는다고나 할까? 주변의 권유를 받아들인 적도 없는 독불장군이기도 하다.

하는 수 없이 그날 저녁에는 후배 직원과 팀 동료들과 함께 회식을 하러 갔다.

동료들의 칭찬: 곧 쇼타 팀장?!

술이 좀 들어가자 팀원들이 나를 치켜세우기 시작했다.

"일전에 트러블을 해결했을 때 오노 선배가 주도해서 움직였었지요."

"아, 긴급 대책을 세웠을 때?" 나는 맥주를 한 손에 든 채 대답했다.

“어, 저는 몰랐는데, 대단하시네요.”

“품의서의 새로운 툴을 만들어 모두에게 보낸 것도 오노 선배 아닌가요?”

“쇼타, 요즘 변한 것 같은데.”

“이대로 가면 쇼타 씨가 팀장이 될 거 같은데요.”

“어이, 쇼타 팀장!”

모두 합세해서 치켜세우는 바람에 나는 완전히 기분이 좋아져 벌컥벌컥 맥주를 들이마셨다.

“에이, 그럴 리가요.”

내가 팀장이라고? 나쁘지는 않군.

삼현주의 노트 4: 숫자에서 눈을 떼지 마라

술을 너무 많이 마신 탓인지 돌아가는 전철에서는 어떻게든 자리에 앉고 싶었다. 흔들흔들 걸어가며 빈자리를 찾은 끝에 겨우 앉을 수 있었다. 발밑에 놓은 가방이 넘어지면서 뭐가 쑥 바닥으로 튀어나왔다. 〈삼현주의 노트〉였다.

펼쳐진 노트를 집어 들자, ‘현실’이라는 문자가 눈에 들어왔다. 천천히 살펴보니, 이런 말이 쓰여 있다.

'현실에서 벗어나지 않기 위해 숫자에서 눈을 떼지 마라.'

이유는 알 수 없었지만 갑자기 술이 깨는 듯했다.

*

영업을 하는 사람에게 비는 천적이다. 밖에서 돌아다닐 기력을 몽땅 없애버리기 때문이다. 슬슬 장마가 끝날 때도 된 것 같은데, 여전히 밖에는 비가 오고 있다.

"오늘도 또 비네, 정말 싫다."

"출근하자마자 짜증을 내는 미카 씨에게 나는 말을 걸었다.

"미카 씨, 좋은 아침입니다. 그런데 그 노트 있잖아요. 어제 다시 한 번 봤는데요."

"그래, 또 뭐라고 쓰여있었는데요?" 대답은 했지만, 시선은 이쪽을 바라보지 않았다.

"'숫자에서 눈을 떼지 마라'라고 쓰여있었습니다. 뭔가 해당되는 일이 없을까요?"

미카 씨의 미간에 갑자기 주름이 잡혔다.

"뭐야, 이전에는 '데이터는 나중'이라고 하지 않았나? 이제 그 노트 소용없어. 우리 팀 잘 나가고 있잖아요."

나는 손에 든 노트를 물끄러미 쳐다보며 생각에 잠겼다.

“음… 데이터가 우선은 아니지만 중요하게 여겨야 한다는 말일까요?”

“그건 너무 좋게만 해석하는 거 아니에요?”

말을 하면서 미카 씨는 의자가 넘어질 듯 비스듬하게 앉았다.

“어쨌든 지금 상황을 숫자로 확인해보는 자리를 마련했으면 하는데요.”

내가 그렇게 말하자, “어?” 하며 미카 씨가 일어났다.

미카 씨는 한숨을 한 번 내쉬고는 말을 내뱉는다.

“요즘 쇼타 씨는 ‘둔감한 것’만이 아니라 ‘귀찮은’ 존재가 된 것 같아.”

여전히 날카로운 말투에 기분이 좀 상하긴 했지만, 미카 씨를 설득해서 팀원 모두를 회의실에 모을 수 있었다.

회의에서는 숫자를 중심으로 정보를 공유했다.

“팀 전체의 매출은 분명히 늘어나고 있습니다. 이 도표를 보면 알 수 있습니다.”

통계관리를 담당하고 있는 후배 직원이 그래프를 스크린에 표시한다.

“거봐, 우리 팀 잘 나가고 있다고 했잖아.” 미카 씨가 날카로운 말투로 나를 향해 말했다.

"계속해봐요." 나는 후배에게 독촉했다. 후배는 다시 입을 열었다.

"다음으로 상품별 매출을 나타낸 표입니다."

"잠깐만, 이건 뭐죠?"

가파른 상승을 나타내는 그래프 중에서 완만하게 하락하는 빨간 곡선과 숫자를 가리켰다.

"이건… '마제스타'인데요."

"뭐, 마제스타라고요? 작년에 막 출시한 새로운 서버잖아. 왜 매출이 늘지 못하는 거죠?"

미카 씨의 말이 모두의 생각을 대변하고 있었다. 우리 회사의 지난 경험에 비추어보면 신제품이 전체 매출을 끌고 가는 것이 당연했기 때문이다.

나는 그래프를 바라보며 팔짱을 새로 고쳐 꼈다. 팀 분위기 때문에 어쩐지 어수선했지만, '이것이 바로 **현실**을 의미하는 거구나, 이게 바로 '숫자에서 시선을 떼지 마라'는 말의 진의이구나' 하고 깨우칠 수 있었다.

나는 미카 씨에게 "마제스타를 더 적극적으로 판매해야 할 거 같습니다"라고 말했다. 그러자 미카 씨도 "맞아요, 마제스타를 더 많이 팔면 우리 팀 매출도 늘어나겠지"라고 간단명료한 말투로 대답한다. 미카 씨가 안 하던 적극적인 발언을 한 탓일까, 팀 모두가 어안이 벙벙해졌다.

뭐, 늘어나고 있지 않다면 늘리면 된다. 그러니까 아직 발전 가능성이 있다는 의미일지도 모른다.

그러나 실상은 그렇게 간단하지 않았다.

20

판매 현황을 살펴보면서,
팔리는 것만 만들어라

삼현주의 노트 5: 팔리는 것만, 판매 현황에 맞게?

회의가 끝나고 모두 회의실을 빠져나왔다.

나가려는 미카 씨에게 내가 말을 걸었다.

"미카 씨, 죄송합니다만 잠깐만요."

"뭐예요?" 미카 씨가 미간을 찌푸린다.

"이 노트의 '현실' 부문에 내용이 더 있었습니다."

말을 듣자마자, 미카 씨의 눈이 커졌다.

“정말 귀찮게 하네. 그래, 또 뭐라고 써있는데요?”

나는 노트를 바라보며 문장을 읽었다.

“‘판매 현황을 살펴보면서 팔리는 것만 만들어라’라고 써있습니다.”

미카 씨는 너무 놀라 질렸다는 표정으로 “뭐라고? 그건 너무 당연한 거 아닌가요?”

“판매 현황을 보면서 팔리는 것만…. 그래, 맞는 말인 것 같긴 한데.”

“그대로 만들라고 쓰여있지만 우리는 영업 담당이니까, 이번만큼은 우리와 상관없는 일인 것 같은데요?”

미카 씨는 뱉어내듯 말을 하더니 구두 소리를 내면서 회의실을 나가버렸다.

회의실에 혼자 남은 나는 생각했다.

“팔리는 것만 만들어라?”

팔리는 상품을 제대로 만들라는 말이겠지. 그렇다면 미카 씨 말대로 제품을 만드는 건 개발팀이 신경을 써야 하는 일이니 우리와는 상관없다. 그럼 개발팀에 이 내용을 전달해야 할까?

아니야, ‘판매 현황에 맞게’라고 써있으니까, 지금 팔리고 있는 것을 더 적극적으로 팔라는 의미일지도 모른다. 머릿속에서 여러 생각이 뒤엉키다보니 한동안 회의실에 머물렀다.

구입 후 설문조사: 신제품을 팔지 마라!

다음 날 아침, 막 출근하는 미카 씨어게 말을 걸었다.

"좋은 아침입니다, 미카 씨. 어제 말씀드린 노트에 적힌 이야기 말인데요."

"아침부터 '팔리는 것만 만들라'는 그 말을 하려고요?" 겉옷을 벗으면서 미카 씨가 말했다.

"아니요! '판매 현황을 살펴보며 팔리는 것만 만들라'는 말은 마제스타를 팔지 말라는 뜻 아닐까 해서요."

옷걸이에 윗옷을 걸던 미카 씨의 손이 멈췄다.

"네? 신제품인데 판촉을 하지 말라고요? 그건 안 되죠."

미카 씨는 인상을 쓰며 강하게 말했지만, 내 귀에는 들리지 않았다.

"오늘 잠시 마제스타를 구입한 고객사에 다녀오겠습니다."

"가서 어쩌려고?"

나는 미카 씨의 눈을 보면서 "어쨌든 이야기를 들어볼 생각입니다"라고 대답했다.

"그래, 맘대로 해요. 현장! 현장! 베테랑 쇼타 형사님은 참 열심히도 하십니다."

미카 씨는 질렸다는 표정으로 말을 내뱉었다.

하지만 나는 ‘현장’에 반드시 힌트가 있을 거라고 생각했다.

사무작업을 마친 오후에야 사무실을 빠져나왔다. 역으로 가는데, 뒤에서 하이힐이 지면을 두드리는 소리가 들렸다. 뒤를 돌아보자, 미카 씨가 따라오는 것이 보였다.

“어? 미카 씨!”

“시간이 좀 남기도 했고, 같이 가주려고. 할 수 없잖아?”

나는 예의를 표하고 고객 명단을 미카 씨에게 건넸다.

몇 군데를 방문했을까. 마제스타를 구입한 고객사를 찾아가 ‘구입 후 설문조사’ 명목으로 여러 이야기를 들을 수 있었다. 그뿐만 아니라 다른 서버를 구입한 고객사에도 마제스타에 대한 의견을 들었다. 그렇게 발품을 팔며 들은 내용은 우리에게 너무나도 소중한 이야기임에 틀림없었다.

영업팀과 개발팀의 정례 회의
: 수동적으로 생각하지 마라

그로부터 이틀 뒤, 영업팀과 개발팀의 정례 회의가 있었다.

항상 하던 대로 틀에 박힌 보고가 전개되었다. 회의가 끝날 무렵, 미카 씨가 손을 들었다.

"죄송합니다만, 저희 팀에서 고객의 목소리를 듣고 왔는데요, 잠시 보고드려도 될까요?"

"어쩐 일이지, 에비나 씨? 그럼 보고해보세요." 마치다 부장이 조금 놀랐다는 듯이 말했다.

"새로 발매한 서버 마제스타에 대해, 사용 중인 고객과 잠재 고객의 의견을 듣고 왔습니다. 그 결과, 다음과 같은 의견들을 확보했습니다."

회의실이 갑자기 긴장감에 휩싸였다. 미카 씨는 단숨에 자료를 읽어 내려갔다.

"기능이 너무 많아 잘 모르겠다. 그래서 사용하기 힘들다. 확장성이라고 강조하는 기능이 실제로는 필요가 없다. 어중간해서 뭐가 좋은지 모르겠다. 급격한 접속 증가를 견딜 수 있는 내구성이 있으면 좋겠다."

잠시 정적이 흐른 뒤, 황급히 개발부 부장이 말을 꺼냈다.

"그, 그런 다양한 기능이 있는 까닭은 경영 회의에서 그렇게 정했기 때문인데."

"그렇지만 그 문제야말로 고객들의 한결같은 지적이었습니다." 미카 씨는 차갑게 대응했다.

마치다 부장은 팔짱을 끼고 미간을 찌푸렸다.

개발부 부장은 고개를 숙인 채 움직이지 못하고 있었다.

또다시 잠깐 정적이 흐른 뒤, 개발부 부장이 입을 열었다.

"마치다 부장, 어떻게 안 될까?"

"음, 신제품인데 제조를 멈추라고 내 입으로 쉽게 말하기도 뭐하고…." 마치다 부장이 말을 멈춘 그때, 낮은 목소리가 회의실에 울려 퍼졌다.

"판매를 중지해야 할 것 같은데." 입구에는 눈에 익은 점퍼 그림자가 보였다.

"긴조 이사님!" 두 명의 부장이 동시에 외쳤다.

"출장에서 돌아왔네." 이사는 회의실로 들어와 구석에 있는 의자에 앉았다.

"나도 출장길에 고객사를 방문했었어. 그래서 마제스타에 대해 같은 말을 들었다네."

개발부 부장이 입을 연 채 눈을 동그랗게 떴다. 이사는 말을 이어갔다.

"그리고 확신했지. 아쉽지만 이건 팔리지 않는 상품이니까 판매를 중지해야 한다고."

개발부 부장이 일어나 반론을 하려 했다.

"그렇지만 이사님, 중지가 아니고 일시 정지로 하시면 어떨까요? 시기를 봐서 다시 파는 걸로…."

긴조 이사는 오른팔을 벌려 앞으로 내밀었다. "안 돼! 팔리지 않는 물건을 팔릴 거라고 생각하고 만든다든지, 언젠가 팔릴 거라고 해서 재고로 쌓아두면 낭비가 심해질 뿐이야. **팔리는 물건을 팔아야 해. 수동적으로 생각해서는 안 되네.**"

"수동적으로…?" 마치다 부장이 무심코 말을 했다.

"그래, '정해졌다'가 아니라 '정했다', '정지되었다'가 아니라 '정지시켰다', '팔렸다'가 아니라 **'팔았다'**고 해야 옳아."

개발부 부장은 책상을 두 손으로 붙잡고 바닥을 바라보며 움직이지 않았다.

다음 날, 임원 회의에서 마제스타 판매를 중지하기로 했다.

21

외딴섬을 경계하라

상사 뒷담화: 고자세, 미카 씨

판매 중지가 결정된 날 저녁에 또 팀원 모두와 회식을 했다.

미카 씨에게도 같이 가자고 했지만 역시나 함께하지 않았다. "다들 같이 다녀와"라며 차가운 반응을 보였을 뿐이었다.

미카 씨가 없기 때문이었을까, 모두 미카 씨 이야기에 열을 올렸다.

"에비나 씨는 왜 늘 빠지는 거야?"

"글쎄, 밤에 혼자 놀러 다니는 거 아닐까?"

"왠지 모르지만 늘 고자세잖아, 미카 씨는."

나는 이유를 알 수 없었지만 기분이 안 좋아졌다. 결국 속이 좀 쓰리다고 말한 뒤, 회식 자리에서 나왔다.

팀장이란 그릇
: 팀이 바쁜 것과 상태가 좋은 것은 별개

다음 날, 나와 미카 씨는 아침부터 긴조 이사에게 불려갔다.

"내가 없었던 한 달간 어땠나? 매출 수치가 조금 나아진 것 같던데, 〈삼현주의 노트〉는 좀 도움이 되었나 몰라."

"덕분에 이상하리만큼 순간, 순간에 도움이 되었습니다." 내가 대답했다.

"에비나 씨는 어땠나?" 이사가 미카 씨에게 물었다.

"현장이 중요하다는 것을 알게 되었습니다. 감사합니다."

순간 나는 몸이 굳어버렸다. 미카 씨가 고객이 아닌 사람에게 고분고분하게 예의를 차리는 것을 처음 봤기 때문이다. 놀란 내 옆에서 미카 씨는 말을 이어갔다.

"단 하나, 매출이 좋아지고 있는 건 노트와는 상관이 없습니다. 팀원 모두가 열심히 하고 있기 때문이라고 생각합니다.”

긴조 이사는 살짝 미소를 지어 보이고는 턱수염을 쓰다듬었다. 그리고 천천히 말을 시작했다.

“그렇게 말하지만 말이야, 그 ‘팀’의 상태가 그다지 좋지 않아 보이는데.”

미카 씨의 관자놀이에 핏대가 서는 것 같았다.

“네? 저희 팀에 대해 그런 말을 듣는 건 의외인데요? 모두 바쁘게 열심히 해주고 있고, 쇼타 씨도 잘 따라오고 있습니다.”

“팀이 바쁜 것과 상태가 좋은 것은 별개지. 그리고 쇼타 씨가 따라와 주고 있다고 생각하나?”

이런 자리에서 나에 대한 이야기가 나오자, 나는 눈을 어디에 두어야 할지 곤란했다. 남들과 얽히는 것을 그다지 좋아하지 않는 미카 씨였다. 미카 씨의 그런 태도에 나와 여러 동료들은 의문을 가지고 있었다.

“그래서 어떻게 하라는 말씀이신지요? 이렇게 성과를 내면 된다고 생각합니다만….”

미카 씨가 점점 의욕을 잃어가는 것을 말투에서 느꼈다.

이사는 미카 씨의 눈을 똑바로 바라보며 다시 말을 시작했다.

“외딴섬을 만들면 안 되네.”

“외딴섬이요?” 미카 씨가 같은 말을 되풀이했다. 이사는 내 쪽으로 시선을 돌렸다.

"쇼타 씨, 무슨 의미인지 알겠나?"

갑자기 질문을 받은 나는 당황했다. '외딴섬'이라니? 팀의 상황을 가리키는 건가? 팀원 한 사람 한 사람이 섬이라고 한다면 연결되어있지 않고 떨어져있는 섬들이라는 의미인가? 그런데 그게 팀에 무슨 영향을 미친다는 거지?

내가 대답하기 전에 이사가 말을 시작했다.

"에비나 씨 입장에서 보면 팀 모두가 외딴섬이 되어있는 거 아닌가? 하나의 큰 섬이 아니라, 거리를 두고서 점점이 존재하는 섬들 말이야. **거리가 멀어지면 마음도 멀어지기 쉬운 법이야.** 조직의 거리감을 없앨 필요가 있어. **아이디어와 커뮤니케이션이 식지 않을 거리**를 유지해보면 어떨까?"

나는 크게 수긍했다. 거리가 멀어지면 마음도 멀어진다는 말, 분명 그럴지 모른다. 넓은 공간에 사람들이 띄엄띄엄 떨어져있으면 효율이 나쁠 수 있다.

"조직에는 물리적인 거리뿐만 아니라 마음의 벽이나 부서 간 낙차도 존재하지. 그것을 알아차리는 것도 또한 팀장의 역할이야. 각각이 경쟁하면서도 전체가 풍요로워지는 방법을 생각할 필요가 있어. 전체의 경쟁력을 높이지 않으면 고객의 지지를 받기 어려워."

“알겠습니다.”

이사의 말이 아직 끝나지 않았는데 미카 씨의 말이 갑자기 튀어나왔다. 가로막는 듯한 대답을 한 미카 씨는 고개를 살짝 숙여 인사를 하고 회의실을 나가버렸다.

미카 씨의 태도에 당황하던 내게 들으라는 듯이 이사가 가늘게 목소리를 냈다.

“거참, 아직 저 친구는 팀장을 할만한 그릇이 못 되는 것 같은데. 큰일이군.”

현장을 이해하려는 생각

‘삼현주의’라는 말과 같이 도요타는 **‘현장’**을 중시합니다. 매일 현장에 있었던 저는 이 점을 뼈저리게 느꼈지요. 영업소 매니저는 물론 각 지역을 담당하는 책임자와 임원이 매일같이 누구나 현장에 얼굴을 내밀었습니다. 그러고는 틈을 봐서 말을 걸어옵니다. 특히 리콜과 같은 문제가 생기거나 작업 중에 사고가 났을 때, 이런 점은 더욱 두드러졌습니다.

도요타 사람들은 왜 일부러 현장까지 가서 이야기를 듣고 싶어할까요? 이는 같은 문제가 생기더라도 원인이 다르거나, 여러 요인들이 복합적으로 작용하는 경우가 많기 때문입니다. 원인이 다르면 문제의 크기는 물론, 영향을 미칠 범위와 정도도 달라지니까요. 그래서 당연히 대응하는 방법도 달라지기 마련입니다.

만약 실제 원인이 아닌 다른 원인으로 문제를 확정하면 돈과 시간을 낭비할 뿐만 아니라 잘못된 해결책을 강구하게 될 것입니다.

현장에 있는 현물과 현실을 보지 않고 책상 위에서만 문제를 바라보고 추측하면, 아무리 노력해도 위험이 따릅니다.

일반 기업을 예로 들면, 제품의 문제에 대해 고객이 문의하는 일을 흔하다고 생각하고 안이하게 매뉴얼대로 처리해버리는 경우가 있습니다. 하지만 나중에 '전혀 해결되지 않았다'는 분노의 클레임을 받을 수도 있습니다.

해결책이 확실하게 하나뿐인 경우는 그렇다 하더라도, 유효한 해결책이 여러 개가 있다면 최선의 답을 찾아낼 수 있을지는 **문제를 얼마나 정확하게 파악하고 있는지**에 달렸습니다.

일본의 '현장력'은 작업자가 현장에서 보여주는 독창적이고 창의적인 고안과 문제 해결 능력 그 자체입니다.

그러나 요즘 현장에서는 IT 기술을 안이하게 도입함으로써 오히려 현장에 있어야 할 사람을 바깥으로 밀어내, 생각하는 능력을 뺏어가고 있습니다. 그뿐만 아니라 IT 기술자들은 경영자를 향해서 "현장에서 벗어나더라도 데이터로 판단할 수 있습니다"라고 말합니다.

그렇지만 데이터만으로는 미래가 보일 리 없습니다. 데이터는 지나간 과거이며, **'지금'을 알기 위해서는 역시 현장에 직접 가보는 수밖에 없습니다.** 지금 도요타도 물론 IT 기술을 도입하고 있지만 역시 현장을 최우선으로 생각합니다.

단, '삼현주의'가 아무리 대단해도 현장만 돌아다니는 것이 꼭 좋은 것은 아닙니다. 현장을 돌아다니는 것은 오히려 효율이 나쁘고 시간을 낭비하는 일입니다. '개선하려는 생각' 부분에서도 언급했지만, 일을 한다는 것은 땀을 흘린다고 되는 것이 아닙니다. 일의 성과는 부가가치를 얼마나 향상시켰는지로 측정해야 합니다. 그래서 현장을 방문할 필요가 있을 때, 도요타에서 강조하는 것은 **"가설을 세운 다음, 현장에서 검증하라"**입니다.

물론 현장에 가보려는 자세도 때로는 중요하지요. 하지만 비용과 시간이 들어가기 때문에 가급적 미리 준비를 해두어야 합니다.

현장의 '현現'이라는 글자를 풀면 '보석玉이 보인다見'는 뜻이라고 합니다. 특히 '보인다'는 의미를 나타내기 위해 '현現'이라는 글자를 만들었다고 합니다. 이는 현장을 통해 '보이는' 것이 있다고 말하려는 것이 아닐까 생각합니다.

문제를 꿰뚫는 삼현주의

1.현장(으로 간다)
2.현물(을 본다)
3.현실(을 안다)
해결책
해결책을 찾기 위해서는
문제를 정확하게 파악한다
문제
문제를 파악하기 위해서는
현장, 현물, 현실을
반드시 확인한다
현장의 사실로
가설을 검증한다
본다·듣는다·안다
가설을 세우고
현장으로 간다
사물
사람
데이터
현장

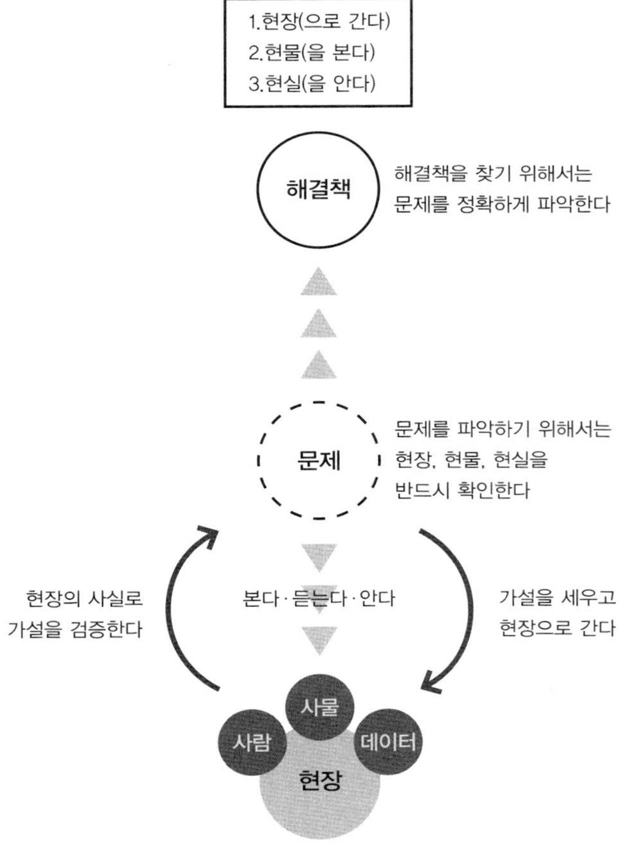

본질을 어떻게
꿰뚫어볼 것인가

상식과 편견에 사로잡히지 않고,

머리를 비운 채 원점에서 생각하려면 어떻게 해야 하는가?

직접 생각해보는 힌트

1. '불운'이라는 단어는 생각을 멈추게 한다

2. 자신의 일이라고 생각해야 문제를 찾을 수
   있다.

3. 머리를 비운 뒤, 있는 그대로의 사실을
   백지상태에서 본다

22

변명할 머리로 실행할 것을 생각하라

장마전선: 미카 씨의 잦은 병가

　지루했던 장마가 물러가고 무더운 날씨가 이어지고 있었다. 사우나에 앉아있는 것같이 높은 습도는 정말 견디기 어렵다.

　그로부터 일주일 동안 미카 씨는 몸이 아프다는 이유로 쉬는 날이 잦았다. 무더위에 지쳐 쓰러진 것이 아니라 이사의 지시가 영향을 주었을지 모른다. '멍청한' 나도 그 정도는 어렴풋이나마 알 수 있었다.

서버 판촉 캠페인: 나는 0대, 우에다는 12대

영업부는 이번 달부터 서버 판촉 캠페인을 펼치기로 했다. 구매하는 서버 대수에 따라 서버 래크를 무료로 제공하는 캠페인이다.

서버 래크는 서버를 넣어두는 선반이다. 서버를 보관하는 장소가 마땅치 않아 골머리를 앓는 회사가 적지 않다. 서버는 데스크톱처럼 책상 위에 올려놓을 수도 없고 온도도 중요하기 때문이다. 서버 래크와 같이 전용 선반을 쓰면 공간을 절약할 수도 있고 통풍이 잘 돼서 관리하기도 편하다. 선반을 제공하면 추후에 서버를 추가로 구매할 생각도 쉽게 들 것이라는 게 회사의 생각이었다. 편의점에서 흔히 볼 수 있는 것과 같다.

하지만 시작한 지 벌써 일주일이 지났는데 나는 1대도 팔지 못하고 있었다. 영업 회의에서 아직 1대도 못 판 사람은 나 혼자라는 사실을 통보받고 깜짝 놀랐다.

우에다는 이미 12대를 팔았다는 것 같았다. 너무 분해서 그 말을 제대로 듣는 것조차 힘들었다.

회의가 끝나자마자 화장실로 달려간 나는 또 머리를 쥐어뜯었다.

"이래서는 안 되는데! 팔아야 할 텐데!"

주문을 외는 것처럼 반복해서 중얼거렸다. 팔지 못하는 원인은 알고 있었다. 시간을 내지 못해 영업을 제대로 하지 못하고 있기 때문이다.

'그렇지만, 미카 씨가 쉬는 날이 늘어나면서 내가 사무 처리를 해야 하는 경우가 많아졌다고! 이 문제를 어떻게든 해결해야 해!' 혀를 한번 차고 문을 열었다.

세면대 앞에 서자, 바로 옆에 우에다가 있었다.

"어, 쇼타, 요즘 어때?" 우에다가 말을 걸었다.

"응, 뭐, 그렇지. 수고가 많지?" 나는 어색하게 말했다. 수고가 많다고는 했지만 우에다의 얼굴은 전혀 수고한 것 같지 않았다. 우에다는 말끔하게 웃는 얼굴로 말을 이어갔다.

"쇼타, 요즘 열심히 하는 것 같던데. 항상 책도 보고 세미나에도 참석하는 것 같고."

뭐야. 우에다를 벤치마킹하고 있었는데 내 행동이 다 드러나고 있었잖아. 나는 왠지 모르게 부끄러웠다.

"뭐, 특별히 열심히 하고 있는 것도 아닌데."

그렇게 대답하자, 우에다가 갑자기 낮은 목소리로 "나도 질 수 없지"라고 말하며 나를 노려봤다. 그 날카로운 눈매 때문에 곧바로 등골이 오싹해지는 것 같았다. 우에다는 그대로 화장실을 빠져나갔다.

어쩌면 나는 우에다에 대해 대단한 착각을 하고 있는지 모른다. 어느 쪽이냐 하면 온화한 놈이라고 생각했는데, 틀렸다. 저 자식은 틀림없이 엄청난 투쟁심을 가진 놈이다! 분명해!

우에다의 눈매를 떠올리며, 나는 그런 느낌이 들었다.

매출 실적 회의: "아, 저기, 그게"

다음 날 회의에서 나는 마침내 궁지에 몰렸다. 마치다 부장이 내 이름을 거론하며 진척 상황을 물은 것이다.

"오노, 자네만 매출 실적이 없잖아, 어떻게 할 생각이야?"

등에서 식은땀이 흐르는 것 같았다. 마치다 부장을 보고 있다가 나도 모르게 눈을 돌렸는데, 이번에는 우에다와 눈이 마주쳐버렸다. 우에다는 나를 물끄러미 바라보고 있었다. 나는 조심스럽게 자리에서 일어났다.

"네, 열심히는 하고 있습니다만, 이번 주는 미카 씨가, 아니 에비나 씨가 출근을 하지 않아 업무 부담이 커져서, 그리고…." 나는 힘겹게 대답했다.

그러자 회의실 구석에 앉아있던 긴조 이사가 낮은 목소리로 "다음 주제로 넘어가지"라고 마치다 부장에게 지시했다. 이사의

떨떠름한 얼굴을 바라보면서 나는 그냥 조용히 자리에 앉을 수
밖에 없었다.

긴조 이사의 얼굴에는 내 답변에 대한 불만이 어려있었다.

긴조 이사의 메시지
: 변명할 머리로 실행할 것을 생각하라

회의가 끝나고 고개를 떨어뜨린 채 자리로 돌아오자, 책상 위
에 반으로 접힌 메모지가 놓여있었다.

불길한 예감이 들긴 했지만, 천천히 게모지를 펼쳤다.

"쇼타 씨, 변명할 머리로 실행할 것을 생각하세요 _ 긴조."

이사가 쓴 것이었다. 역시나, 미카 씨의 결근을 핑계 삼은 것
을 지적받고 말았구나. 그런데 그것만이 아니었다. '실행할 것을
생각'하란 말이지.

나는 자리에 앉아 깊이 생각했다. 서버를 팔지 못한 변명을
곰곰이 생각할 여유가 있으면 '어떻게 팔 수 있는지'를 생각하라
는 말이 틀림없었다.

지금까지의 내 행동을 잠시 되돌아봤다.

분명히 그럴지 모른다. 나는 늘 변명을 앞세웠다. 무엇을 하든 그랬다. 그렇게 나 자신을 보호하려고만 했던 것 같다. 먼저 핑계를 대서 상처받지 않으려고 했다.

정말 생각해야 하는 것은 '무엇을 해야 하나?'였는데 말이다.

창밖을 보니 빌딩 옥상에서 날아오르는 새가 한 마리 보였다.

23

'불운'으로 반성을 끝내지 마라

적극적인 대처: 마음 고쳐먹기

나는 마음을 고쳐먹고 캠페인에 보다 적극적으로 대처하기로 했다.

미카 씨는 출근하기는 했지만 여전히 바쁜 일정을 보내고 있었다. 그렇지만 팔리지 않는다는 변명이 나오려고 하면 눈을 감고 고개를 좌우로 저었다. 어떻게 팔아야 할지에 대해 생각해봐야겠다. 그렇게 마음먹었다.

캠페인 전면 홍보

: 가까스로 3대 주문, 근데 곧바로 취소?!

먼저 고객과 상담할 때 서버만이 아니라 래크가 있어 편리하다는 것을 전면에 내세우기로 했다. 그리고 그 래크가 '지금 서버를 사면 무료'라는 점을 마지막에 반드시 전달했다. 전달하는 것만으로 쉽게 서버가 팔리리라고 생각하지는 않았지만, 계속 그런 식으로 이야기를 했더니 서서히 반응이 바뀌는 것을 느낄 수 있었다. 그렇게 5일 동안 영업한 결과, 작은 컨설팅 회사로부터 간신히 서버 3대를 주문을 받을 수 있었다.

역시 실행하면 할 수 있는 거구나! 이로써 안심하고 회의에도 참석할 수 있게 되었다. 그렇지만 이제 겨우 출발 지점에 선 것 같았다. 이제부터 판매를 더 해야 한다.

바로 그때였다.

주문을 했던 그 컨설팅 회사가 전화로 연락을 해서는, 돌연 주문 취소를 하겠다고 했다.

나는 너무 놀라 다시 한 번 물었다.

"왜 취소를 하시려나요?"

"죄송합니다. 회사 예산상의 문제가 좀 있어서…"

"3대 모두요?" 수화기를 세게 잡으며 물었다.

“네, 정말 미안합니다.”

어깨가 맥없이 축 처지고 말았다. 어깨가 정말 땅까지 내려가는 것 같았다.

“네…. 잘 알겠습니다. 다음에 잘 부탁드립니다.”

더 할 수 있는 말을 찾지 못하고 그냥 전화를 끊을 수밖에 없었다. 갑자기 회의에 참석하는 것이 또 걱정스러워졌다.

정례 영업 회의
: 마치다 부장의 두 번째 지적, 불운 때문?!

아니나 다를까 정례 영업 회의에서 마치다 부장의 추궁이 또 시작되었다.

“오노, 여전히 자네만 매출 실적이 없잖아! 어떻게 할 거야?”

나는 곧바로 일어났다. 구석에 앉아있던 긴조 이사와 시선이 마주쳤기 때문에 다시 앞을 바라보며 입을 열었다.

“네, 더 이상 변명은 하지 않겠습니다. 주문을 받기는 받았습니다. 그런데 갑자기 고객으로부터 전화가 걸려와 회사 사정으로 취소를 하겠다는 겁니다. 이번에는 운이 좋지 않았습니다.”

나는 망설임 없이 바로 대답했다. 이건 변명이 아니다. 달리 방법이 없었다. 그러나 이사의 목소리가 날카롭게 이어졌다.

"정말 그런 걸까?"

"네? 무슨 말씀이신지요?"

"'운이 나빴다'고 어떻게 단정하지?"

"그렇지만…." 나는 무의식적으로 변명을 하려는 입을, 손으로 틀어막았다.

이사는 수염을 쓰다듬으며 살짝 미소를 띤 얼굴로 말했다.

"불운으로 반성을 끝내면 안 됩니다, 쇼타 씨!"

이사는 일어서서 회의실을 둘러봤다.

"이건 쇼타 씨에게만 해당되는 게 아닙니다. 누구나 빠질 수 있는 함정이지요. '운이 나빴다'로 모든 것을 끝내버리는 것과 '왜 잘 안 되었는지'를 면밀히 분석하고 개선안을 도출해보려고 하는 것 사이에는 엄청난 차이가 있습니다. 운이 좋았다거나 나빴다는 식의 모호한 말은 안 하는 것이 좋아요."

나는 "죄송합니다"라면서 자리에 앉았다.

회의가 끝난 후에도 자리에 남아 앉은 채로 곰곰이 생각했다. 머릿속에서 조금 전 이사가 한 말들이 맴돌았다.

분명히 '운이 나빴다'는 말로 모든 것을 끝내버리는 태도는 좋지 않다. 그렇게 말하면 자신의 책임도 피할 수 있을 것 같은 기분이 들고, 마음도 편해지겠지만 이사가 말한 것처럼 상황이 개선되지는 않는다.

사실, 고객은 분명하게 '예산 부족'이라고 취소 이유를 설명했다. 하지만 판매가 성사되지 못하게 한 '진정한 원인'은 따로 있을지 모른다.

"좋아, 해보자!"

나는 결심했다. 주문을 취소한 회사를 방문해서 취소 이유를 분명히 확인해보기로 한 것이다.

진짜 이유: 라이벌 회사의 더 나은 영업 캠페인

약속을 잡지도 않고 방문했지만 마침 담당자가 자리에 있어서 만날 수 있었다. 그 담당자인 남자 직원이 난처한 표정을 지으며 나왔다.

"취소해서 정말 미안합니다." 나를 보며 머리 숙여 말했다.

"아닙니다. 그럴 수 있지요, 뭐." 나는 머리를 절레절레 흔들며 대답했다.

상담 공간으로 안내를 받았고, 나는 앉자마자 입을 열었다.

"예산 때문에 취소를 하셨다고 말씀하셨는데, 구체적으로 어떤 이유인지 알 수 있을까 해서 찾아왔습니다. 저희 회사 제품이 너무 비싸다는 말씀이신지요?”

잠시 침묵이 흐른 뒤, 담당 직원은 “저… 사실은 다른 회사에 주문을 했습니다”라고 우물쭈물 말했다.

“아, 그러셨군요. 그게 어딘가요?”

“스, 스피드컴퓨터입니다.” 그럴 줄 알았어. 나는 마음속으로 중얼거렸다.

“왜 스피드컴퓨터 제품을 구매하셨는지요? 말씀해주실 수 있을까요? 꼭 부탁드립니다!”

나는 살짝 앞으로 기울어진 자세를 취했다. 담당 직원은 천장을 한 번 쳐다보고는 천천히 입을 열었다.

“알고 계시는지 모르지만, 스피드컴퓨터도 캠페인을 하고 있는데, 그 내용이 더 솔깃했습니다.”

나는 앞으로 쓰러질 듯이 기울어지면서 “네에”라며 맞장구치듯 말했다.

“귀사처럼 래크 서비스뿐만이 아니라 데이터 전환도 지원한다고 했어요. 아시겠지만 데이터를 전환하는 게 정말 번거로운 일이잖아요.”

“아, 그랬군요. 알려주셔서 정말 감사합니다.”

나는 웃으며 예의를 차렸다. 이만큼 들었으면 충분했다. 그랬구나. 우리가 캠페인 내용에서 지고 있었구나.

돌아가는 길에 또 다른 판촉 아이디어가 필요하다고 생각했
다. 이대로는 이길 가능성이 없다. 이 사실을 영업본부 전체에게
빨리 알려야했다.

어떻게 하면 팔 수 있을지를 생각해야 한다.

변명을 할 상황도 아니고, 운이 나쁘다고 한탄하고 있을 상황
은 더더욱 아니었다.

24

기계는 망가지는 것보다
망가뜨리는 경우가 많다

외부 서버 공격: 삼총사 출동!

장마가 물러가고 본격적인 더위가 시작되었다. 영업 직원은 고객사를 방문할 때 재킷을 반드시 입어야 하기에 더욱 힘들다. "양복, 그만 입고 싶지 않으세요?"라고 이 세상 모든 직장인들에게 묻고 싶지만, 다들 좋아서 입는 건 아니라는 걸 나도 잘 안다. 나는 재킷을 한 손에 들고 사무실로 돌아왔다.

"아, 정말 덥네."

"잘 다녀왔어요, 쇼타 씨?"

미카 씨가 히죽 웃으며 말을 걸었다. 미카 씨는 나쁜 일이 있을 때, 대체로 이런 식이다.

"많이 덥죠? 그런데 더 뜨거운 이야기가 있는데, 어쩌지?"

"뭐, 뭔가요? 뜨거운 이야기라는 게?" 나도 모르게 미간을 찌푸렸다.

"좀 전에 마츠모토전기에서 전화가 왔었어요." 내가 담당하는 고객사가 아닌가!

"서버가 외부 공격을 받고 있다던데"

"공격이라고요?" 나는 뜻밖의 말에 당황했다.

"웹사이트 내용이 바뀌고, 메일이 없어지고…. 움직임이 이상해서 조사했더니, 해커가 서버를 공격한 것 같데요. 빨리 와달라고 하니까, 운영팀의 자마 씨랑 같이 다녀와야겠어요." 미카 씨가 고객사가 있는 쪽을 가리키며 말했다.

"아, 네!" 나는 바로 아래층으로 뛰어 내려가 자마 씨에게 도움을 요청했다. 미카 씨가 이미 전화를 한 듯, 자마 씨는 안경남과 대기하고 있었다.

우리는 곧바로 회사를 나왔다.

리스크 관리: 막을 수 있으면 미리 철저히 막아라

마츠모토전기에 도착한 것은 마침 해가 중천에 뜬 시간대였다. 재킷을 억지로 걸쳐 입고 회의실에서 상황을 들었다.

자마 씨의 이야기를 들어보니 그렇게 어려운 작업은 아닌 듯했다.

서버룸으로 이동한 자마 씨와 안경남은 작업을 시작했다. 작업이 끝날 때까지 2시간은 걸렸을까. '시큐리티 홀'이라는 구멍을 막고, '패치' 프로그램으로 해커의 공격을 막는 것 같았다.

작업을 마친 두 사람에게 말을 걸었다.

"수고 많으셨습니다. 이제 더 이상 망가질 일은 없겠지요?"

그러자 자마 씨가 툭하고 한마디 던진다.

"기계는 망가지는 게 아니라 망가뜨리는 경우가 많아요."

"네?" 엉뚱한 말에 나는 놀랐다.

그러자 자마 씨가 계속 말했다. "며칠 전에 긴조 이사가 한 말인데."

"이사님이요? 언제 그런 말을 하셨어요?"

"운영팀 정례 회의에서 들었어요."

자마 씨는 앞머리 사이로 나를 바라보며 말했다.

"'망가뜨리는 경우가 많다'는 얘기인데, 그렇지만 이번에는 망

가진 거 아닌가요? 해커의 공격을 받아서…." 내 말이 끝나기도 전에 자마 씨가 말했다.

"아니, 아닌 것 같아요. **막을 수 있는 이상 현상은 미리 철저하게 막아라**, 그런 의미예요. 공격을 받은 것보다 미연에 막지 못했던 것이 문제라는 거죠."

"미연에 막는다…. 그 말을 '망가뜨린다'는 말로 바꿀 수 있다는 건가요."

"응, 회의에서 들었을 때 나도 당연하다라고 흘려들었는데, 바로 그런 뜻이었어요." 자마 씨가 그렇게 말하자, 나는 화면에 시선만 고정하고 있을 뿐이었다.

미연에 막아라, 즉 **일어날 수 있는 리스크를 관리하라**는 말이구나.

실패를 하나하나 겪으면서 가급적 실패를 하지 않는 방법을 배우는 것도 중요하지만, 역시 실패를 막는 것보다는 못하다. 그렇다면 어떻게 해야 실패를 미리 막을 수 있단 말인가.

이런 생각을 하고 있었는데, 한 가지 의문이 생겼다.

"오늘 있었던 일을 다른 고객사에도 미리 적용하면 어떨까?"

25

매뉴얼대로만 하는
엔지니어는 필요 없다

나렛지 불황: 유키 씨와의 만남도 불황

점심을 대충 먹고 카페 '나렛지'로 향했다. 육중한 나무문을 열고 들어서자, 순식간에 커피 향에 휩싸였다.

"어서 오세요."

아쉽게도 오늘 역시 점장으로 보이는 아저씨의 목소리밖에 들리지 않았다.

"요즘 통 유키 씨가 보이질 않네." 혼잣말을 중얼거리며 늘 앉던 자리에 앉았다.

아이스 커피를 시키고 용기를 내서 점장에게 물었다.

"죄, 죄송한데요. 혹시 유키 씨는 그만두었나요?"

"아, 오늘은 아직 안 왔네요. 요즘 손님도 별로 없고 해서 아르바이트를 줄였습니다." 아저씨는 미안한 듯 대답하고 주방 쪽으로 걸어갔다.

"손님이 줄었구나…."

분명히 무더운 날씨가 계속되는 시기인데도 좌석이 많이 비어있었다. 그러고 보니 오는 길에도 새로 오픈한 카페가 있던데, 그게 원인 중 하나일지도 모르겠는데?

점장이 커피를 테이블에 놓으면서 말했다.

"유키 씨, 오늘은 저녁 무렵에 옵니다."

"아 그런가요." 나는 가볍게 고개를 숙이며 말했다. 그렇다면, 저녁에 다시 와볼까?

보안 대책 배포: 안경남의 설정 매뉴얼

내가 생각한 대로 다른 고객사를 위해서도 보안 대책을 세우기로 결정되었다. 안경남이 설정 매뉴얼까지 만들었다는 사실을 알고는 놀라지 않을 수 없었다.

나도 말을 시작한 책임이 있어 현장에 더 적극적으로 나갈 수밖에 없었다. 저녁에 '나렛지'에 갈 생각이었는데 시간이 날지 모르겠다. 아마도 작업 내용은 이전에 했던 것과 같을 테니 빨리 끝날 거라는 막연한 기대를 품고 자마 씨랑 안경남과 함께 고객을 찾아갔다.

매뉴얼 이상의 방법 고안: 돈 낼 만하네요!

작업을 시작하려는데 안경남이 자마 씨에게 말을 걸었다.

"자마 씨, 이 매뉴얼을 보면서 설정하면 되지요?"

자마 씨는 화면을 보면서 입을 다물었다. 잠시 뒤 예상치 못한 답변이 나왔다.

"아니, 안 돼요."

"네?" 나와 안경남이 동시에 말했다.

"상황에 맞게 바꿔야 하거든요." 자마 씨가 툭하고 말을 내뱉었다. 나는 나도 모르게 끼어들었다.

"아니죠. 매뉴얼대로 하면 되는 거 아닌가요?"

그러자 안경남이 "아!"라고 소리쳤다.

"그렇지! 생각났습니다. 지난 회의에서 긴조 이사님이 '**매뉴얼대로만 하는 엔지니어는 필요 없어**'라고 했던 것 같습니다."

"매뉴얼대로만 하는 엔지니어?"

나는 목소리를 약간 높여 질문을 계속했다. "그 말은 '매뉴얼대로 움직이지 말라'는 말인가요?"

"맞아요. 새로운 기계를 매뉴얼대로 사용하는 것은 도요타에서 말하는 '일'이 아니라고 했습니다." 안경남은 안경을 잡으면서 힘주어 말했다.

자마 씨도 끼어들었다. "**다양한 지혜를 발휘해서 매뉴얼에 나온 것 이상의 방법으로 기계를 사용해야 비로소 일을 했다고 보는 거겠죠.**"

안경남은 "그렇다면 지금 시스템환경을 한 번 더 확인하고 최적의 설정 방법을 생각해보겠습니다"라고 말하고는 화면을 향해 고쳐 앉았다. 자마 씨도 "그래, 그렇게 해주세요"라며 작업을 시작했다. 결국 주위가 완전히 어두워진 후에야 작업은 끝이 났다.

고객사 담당자에게 작업 종료를 알리고, 자마 씨는 작업 내용에 대해 설명했다. 담당자는 "세세한 부분까지 확인해주셔서 너무 감사합니다. 킹컴퓨터 서비스에는 돈 낼 만하네요"라고 말하며 기뻐했다.

기분 좋게 돌아가면서 나는 전철에서 '매뉴얼대로만 하는 엔지니어'라는 표현을 떠올렸다.

매뉴얼대로 하는 것은 머리를 쓰는 일이 아니니 분명히 누가 하더라도 똑같다. 그래서는 경쟁에서 이길 수 없다. 경쟁에서 이기려면 새로운 지혜를 덧붙여야 한다는 생각이 들었다.

문득 비슷한 가게가 새로 생겨 경쟁을 하게 된 '나렛지'가 떠올랐다. 손목시계를 보니 자정을 향하고 있었다. 결국 '나렛지'에 다시 가지 못했다.

도대체 언제쯤이면 유키 씨를 만날 수 있을까?

26

거스르지 말고, 따르지 말고

무상 서비스 프로젝트

: 초여름 하늘의 날벼락

초여름답게 아침부터 무더위가 이어졌다. 노타이에 재킷을 입지 않는 쿨비즈가 시행되면서 실내 온도를 낮추지 않아 손에서 부채를 뗄 수가 없었다. 이렇게 더운 어느 여름날, 영업 회의에서 뜻밖의 전개가 나를 기다리고 있었다.

우리가 고객사를 대상으로 실시해온 보안 설정 서비스를 표

준 서비스로 지정하겠다는 이야기가 나와서였다. 마치다 부장
말로는 우리 영업부 주도로 모든 고객사에 확산한다는 것이다.
무상 서비스라고는 하지만 우리가 프로젝트를 주도해야 한다니,
마른하늘에 날벼락 같은 이야기였다.

매뉴얼 확대 보안
: 거스르지 말고, 따르지 말고

그날 이후 누구라도 따라할 수 있도록 매뉴얼을 확대 보완하
고, 지원이 필요한 기업 명단을 만드는 등 바쁘게 준비했다.

평소에 하던 영업활동도 동시에 진행했기에 솔직히 힘에 부
쳤다. 야근을 하는 날이 많아졌다. 해가 길어졌지만 오늘도 이미
주위가 어두워진 뒤였다.

형광등이 듬성듬성 켜진 사무실에서 작업을 하고 있었는데,
뒤에서 인기척이 느껴졌다. 긴조 이사였다.

"아직 퇴근 안 했었나?"

"네, 프로젝트가 새로 시작돼서요."

"아, 마치다 부장에게 들었어." 이사는 빙긋 웃으면서 내 옆자
리에 손을 올린 채 계속 말했다.

"그렇지만 쇼타 씨, 설마 마치다 부장이 시키는 대로만 하는 건 아니겠지?"

"네? 아닙니다. 지시받은 대로 하고 있습니다. 이건 부장님이 하라고 한 거고요."

나는 날선 말투로 반발했다.

그러자 긴조 이사는 그대로 옆자리에 앉더니 나를 보고 특유의 낮은 목소리로 말했다.

"**거스르지 말고, 따르지 말고**'를 잊지 말게, 쇼타 씨."

"거스르지 말고, 따르지 말고…. 무슨 의미인가요? 모순되는 말 같네요."

이사는 나를 살짝 보고는 수염을 쓰다듬었다.

"킹컴퓨터는 회사 조직이니까 사내의 규정과 상사의 지시를 거슬러서는 안 되지. 그렇지만 상사의 지시 내용에 따르기만 하면 안 돼! 오히려 **거기에 뭔가를 추가해서 되돌려주는 걸** 상사는 기대하기 마련이지."

"추가해서 되돌려준다…. 이게 바로 무조건 따르지 말라는 의미군요!"

"바로 그거네. 무엇을 추가해서 돌려줄지를 생각해보는 건 어떨까?"

"잘 알겠습니다. 좀 더 생각해 보겠습니다." 나는 고개를 끄덕이며 수긍하는 모습을 보인 다음 책상 쪽으로 고쳐 앉았다.

새로운 아이디어 : 유상 옵션, 튼튼 팩

생각해보겠다고 말은 했지만, 그렇게 간단히 좋은 아이디어가 떠오를 리가 없었다.

그 후, 출퇴근시간마다 내 머릿속은 그 생각으로 가득찼다.

뇌를 자극하기 위해 껌이라도 씹어볼 생각으로 편의점에 들렀을 때 문득 고객에게 들은 말이 생각났다.

우리 서비스에는 "돈을 낼 만하다"고 했던 고객이었다.

나는 점원에게서 껌을 건네받으며 "그렇구나"라고 중얼거렸다. 무상이 아니라 유상으로 서비스할 수는 없을까?

사무실로 돌아오자마자 껌을 씹으면서 아이디어를 정리하기 시작했다.

최소로 필요한 보안 설정 부분은 무료로 하되, 고객의 환경에 맞춰 추가로 설정하는 부분은 유상 옵션으로 판매하면 어떨까라는 생각을 했다. 시작은 무료기 때문에 고객도 분명히 쉽게 받아들일 것이고, 고객과의 접촉이 많아지면 우리도 유상 옵션을 팔기 쉬워진다.

"이건 될 것 같은데!"

정리한 아이디어를 보고 나도 모르게 외치자, 옆에 있던 미카 씨가 일어서면서 "시끄럽잖아요. 일 하면서 껌까지 씹고. 쇼타 씨, 꽤 건방져진 것 같아"라고 핀잔을 주었다. 나는 입에서 껌을 뱉으면서 "죄송합니다"라고 머리를 숙였다.

영업 회의에서 아이디어를 발표했더니, 마치다 부장도 수긍하며 이야기를 들어주었다. 추가 설정 부분에 대해서는 서비스 명을 붙이는 것이 좋겠다고 결정했다. 다른 동료의 의견대로 '튼튼 팩'이라는 이름도 붙였다. 무상 서비스를 하기 위해 고객사를 방문하면 모두 '튼튼 팩'을 영업하기로 결정했다.

그로부터 일주일 뒤에 돌아보니 영업을 하기 위해 방문했던 고객의 80퍼센트가 '튼튼 팩'을 구매한 것을 확인할 수 있었다. '튼튼 팩'이 전체 매출에 지대한 영향을 미치고 있는 것으로 판명되었다.

27

책임을 추궁하는 것이 아니라,
원인을 알아내는 것을 고심해야 한다

잘나가는 회사와의 계약: 크라우드스타

'크라우드스타'는 요즘 잘나가는 회사다. 누구든지 손쉽게 이용할 수 있는 크라우드 서비스를 전개하는데 TV 광고가 영향을 미쳤는지 시장이 점점 확대되고 있었다. 그런 크라우드스타와 머지않아 사소한 다툼이 벌어지게 되리라고는 그때에는 상상도 할 수 없었다.

점심 무렵에 전화 한 통이 걸려왔다. 수화기를 잡은 마치다 부장의 말 한마디에 사무실 전체가 숨죽인 채 바라보고 있었다. 크라우드스타에 납품을 결정하는 마지막 비즈니스 상담이라는 것을 회사 영업 담당인 미카 씨에게 들어서 미리 알고 있었다. 마침내 마치다 부장이 전화를 끊자 모두가 그쪽으로 다가갔다. 나도 서둘러 가까이 갔다.

"어떻게 됐나요?" 미카 씨가 묻자, 마치다 부장이 입을 열었다.

"결정됐대! 100대 수주야!"

그 순간 사무실 전체가 "와~"하고 열광했다. 한 번에 100대는 대단한 일이다.

마치다 부장은 담당 직원인 미카 씨에게 악수를 청했다.

"에비나 씨, 정말 수고 많았어요."

"네, 제게 맡겨주시면 간단한 일인 줄요."

역시 미카 씨다운 대답이었지만 내심 굉장히 기뻐하고 있는 것처럼 보였다. 아니, 실제로 기뻐하고 있었다고 생각한다. 그 이유는 그날 특별히 미카 씨가 저녁 회식에 얼굴을 내밀었기 때문이다.

어쩌면 미카 씨는 자신이 '외딴섬'이라고 생각했는지도 모른다. 하지만 담당하는 안건에서 대규모 수주를 한 주역이라면 회식에 참석하지 않겠는가.

미카 씨는 술을 많이 마셔 얼굴이 빨개졌지만 팀원들과 즐겁게 이야기를 주고받았다. 행복해하는 미카 씨의 얼굴을 보니 나도 왠지 행복해졌다.

하지만 그런 소소한 행복은 그리 오래가지 않았다.

2주일 후 크라우드스타가 주문을 취소한다고 연락을 해왔기 때문이다.

주문 취소의 원인
: 발주 착오, 비상구의 미카 씨

부장님 말로는 아직 계약서를 쓰지 않은 단계였기 때문에 문제가 될 건 없다고 했다. 그리고 중요한 취소 이유는 우리의 발주 착오로 납품이 늦어졌기 때문이었다. 속도감을 중요하게 생각하는 기업인 만큼 파트너 기업에게도 자신들과 같은 속도를 요구한 것이다. 그런 의미에서 킹컴퓨터는 파트너로 어울리지 않는다는 결론을 내렸다는 연락을 한 것 같았다.

긴급히 영업 회의가 열렸다.

회의에서는 역시나 담당자였던 미카 씨가 추궁을 당하는 양상이 펼쳐졌다.

"왜 발주 착오가 발생했죠, 에비나 씨?"

"죄, 죄송합니다."

미카 씨는 바닥만 쳐다보며 대답했다.

"자그마치 100대란 말이에요! 100대의 매출이 발주 착오 하나로 모두 날아가버렸다고, 알고 있는 거야?" 마치다 부장의 말투가 거칠어지고 있었다.

"죄, 죄송합니다."

미카 씨가 같은 말을 반복하면서 일어나 회의실을 나가려고 했다.

마치다 부장이 "에비나!"라고 큰소리로 불렀지만, 미카 씨는 문을 열고 나가버렸다.

구석에 앉아있던 긴조 이사가 나에게 턱짓을 했다. '쫓아가!'라는 의미인 것 같았다. 나는 바로 일어나 미카 씨를 쫓아갔다.

복도를 따라갔더니 비상계단 쪽에서 인기척이 들렸다. 천천히 다가가 비상문을 열어봤더니 계단에 쪼그려 앉아 벽에 얼굴을 맞대고 훌쩍훌쩍 흐느끼는 미카 씨의 뒷모습이 보였다.

나는 이 광경을 보지 않은 것으로 생각하기로 하고 그 자리를 조용히 떠났다.

선先원인 파악

: 미카 씨를 추궁하면 바로 해고!

무거운 공기가 가득한 회의실로 돌아와 일단 자리에 앉았다. 그러자 내가 앉는 것을 기다렸다는 듯 긴조 이사가 입을 열었다.

"마치다 부장, 영업 담당인 에비나 씨를 추궁해서는 안 돼."

마치다 부장은 아래를 바라봤다. 이사는 주위를 둘러보며 말을 이어갔다.

"지금부터 에비나 씨를 추궁하는 사람은 바로 해고할 테니, 그렇게 아세요."

"해고… 라고?" 회의실이 술렁거렸다. 긴조 이사는 잠시 시간을 두었다가 말을 이어갔다.

"책임을 추궁하는 것이 아니라 어떻게 원인을 파악할지를 고민해야 합니다."

"원인… 파악." 마치다 부장의 혼잣말이 들렸다.

"지금 마치다 부장이 그랬던 것처럼 문제가 발생하면 원인을 파악하기보다, 책임을 추궁하는 사람이 많다고 생각합니다. 그러나 책임 추궁이 앞서면 사람은 어쨌든 문제나 실패를 감추려고 하게 됩니다. 그리고 그것이 나중에 더 큰 문제를 야기하는 경우가 적지 않지요. 이번에는 발주한 사람의 책임을 묻기보다,

문제가 발생한 원인을 파악해야 합니다.”

그렇다. 왜 발주 착오가 생겼는지 명확하게 밝혀두지 않으면 또다시 같은 일이 발생할 것이다. 정말 미카 씨의 단순한 착오였을까? 아무리 성급한 미카 씨도 100대나 되는 발주 착오를 일으킬 사람은 아니다. 그런 생각이 머릿속에서 오갔다. 이런 내 복잡한 생각을 멈추게라도 하듯 긴조 이사의 말이 이어졌다.

“그리고 이 건에 대해서는 당분간 마치다 부장에게 지휘를 맡길 테니, 부장 말을 잘 듣도록!”

“저 말씀이십니까?” 마치다 부장이 눈을 동그랗게 뜨며 대답했다.

“음, 나중에 개별적으로 논의하도록 하지.”

긴조 이사는 그렇게 말하고는 회의실을 나가버렸다.

28

'두더지 잡기 게임'을 하지 마라

침체된 영업부

: 긴조 이사와 마치다 부장은 개별 면담

그 후 영업본부의 분위기는 엉망이 되어버렸다.

그 유명한 크라우드스타와의 거래가 성사되었다고 생각하고 축하파티까지 하지 않았던가. 그런데 없던 일이 되었으니 어쩌면 당연할지도 모른다. 미카 씨도 그 일 이후 이상하리만큼 얌전해져버렸다.

긴조 이사는 회의 때 말한 것처럼 마치다 부장과 개별적으로 면담하는 횟수가 늘어났다. 마치다 부장에게 뭔가 지시를 하는 분위기였다. 마치다 부장도 진중한 태도로 메모하면서 이야기를 듣는 것 같았다.

그런 와중에도 우에다만큼은 아랑곳하지 않고 자기 일에 전념하는 듯했다.

우에다의 언행에는 전혀 변화가 없었고 매출도 확실하게 올리고 있었다. 주위 분위기가 어떨지라도 그는 변하지 않았다. 그런 그의 모습을 멀리서 지켜보니 분한 마음과 더불어 '저런 점도 벤치마킹해야 하는데'라는 생각이 들었다.

연이은 발주 오류: 무의미한 잡담은 No!

며칠 뒤 마치다 부장의 지시로 영업본부 모두가 한자리에 모였다. 발주 착오의 원인을 찾기 위한 회의였다. 회의실로 들어가니 긴조 이사가 보이지 않았다. 이번 사태는 정말 마치다 부장에게 일임한 것 같았다.

모두가 모인 것을 확인한 마치다 부장이 자리에서 일어나 입을 열었다.

"자, 크라우드스타에 대한 발주 오류가 왜 일어났는지 다 함께 알아봅시다. 모두 솔직하게 탁 터놓고 의견을 제시해보세요."

그러자 앞에 있던 사람이 손을 들고 발언한다.

"사실은 이전부터 똑같은 일이 있었습니다. 거기에 원인이 있는 것 아닐까 합니다."

"아, 그래?" 마치다 부장이 말을 받았다. 다음은 뒤편에서 다른 직원이 입을 열었다.

"야지마은행에서도 5대 발주 오류가 있었습니다. 때문에 그 후 운영비를 할인해줄 수밖에 없었습니다."

이쪽저쪽에서 연이어 발언이 이어지면서 논의가 전개되었다.

"그래서 그 회사는 운영비가 쌌구나. 이전부터 좀 이상하다고 생각했는데."

"그렇다고 그대로 두면 어떻게 해요? 시기를 봐서 비용을 올릴 수는 없나? 너무 싼 거 같은데요."

"가미조전기에서도 똑같은 일이 있었습니다. 7대였습니다. 간신히 좀 늦게라도 납품을 했지만, 만날 때마다 추근추근 말이 많아 큰일입니다."

"그 회사 담당자 성격이 안 좋잖아요."

"그런 회사와는 거래를 끊어야 하지 않을까요."

"그렇지만 우리도 겨우 버티고 있는데, 어쩔 수 없죠."

원인에 초점 맞추기

: 두더지가 살 수 없는 토양!

나는 눈앞에서 펼쳐지고 있는 논의가 무의미하다고 생각했다. 너무 지엽적인 이야기뿐이구나 싶었다.

그때 마치다 부장이 돌연 "자네들, 그만하지!"라고 소리쳤다.

와글거리던 회의실이 갑자기 조용해졌다. 그는 "**자네들, 두더지 잡기 게임이라도 하는 줄 아나! 이제 그만들 좀 해!**"라고 낮은 목소리로 말했다.

"지금 자네들의 얘기는 본질에서 벗어나있어. 지금처럼 연이어 나타나는 상황은, 말하자면 밭에 나타나는 두더지를 두드려 잡는 게임과 같아. 단지 두더지를 두드린다고 밭에서 쫓아낼 수는 없어! 근본적으로 두더지가 살 수 없는 토양을 만들어야지."

모두들 갑자기 입을 다물었다. 내 입에서 엉겁결에 말이 튀어나왔다.

"발주 착오가 왜 생겼는지를 생각해야 한다는 말씀이시죠?"

"그래, 오노 씨가 말한 대로야. 거기에 초점을 맞춰야지."

마치다 부장이 내 말을 받았다.

그러자 뒤에서 우에다가 입을 열었다.

"그렇다면 어떻게 초점을 맞춰야 좋을까요?"

29

다섯 번의 WHY를 반복하라

오류의 원인 찾기: 왜? ×5

우에다를 향해 손바닥을 펼친 마치다 부장이 **"다섯 번의 WHY"**라고 말했다.

우에다는 곧바로 "WHY는 '왜'라는 의미잖아요. 그렇다면 '왜'를 다섯 번 말하라는 말씀이신가요?"라고 물었다.

마치다 부장은 고개를 끄덕이며 "그렇지. 원인을 알 수 있을 때까지 몇 번이고 반복해서 묻는 것이 중요해"라고 대답했다.

"에비나 씨." 마치다 부장이 미카 씨에게 말을 걸었다.

미카 씨는 "네" 하고 조용히 대답하며 일어났다. 목소리에 힘이 없고 왠지 모르게 마음이 불편한 듯 보였다.

"왜 발주 착오가 생겼다고 생각하죠?"

마치다 부장의 물음에 미카 씨는 "발주지시서를 제대로 작성하지 못해서 그런 것 같습니다"라고 대답했다.

아픈 상처를 건드리는 것 같아 마음이 쓰였다.

"왜 발주지시서를 잘못 작성했죠?"

마치다 부장은 거침없이 계속 물었다. 그때 갑자기 우에다가 끼어들었다.

"그냥 에비나 씨의 부주의가 아닐까요?"

"그건 아닙니다!" 나는 반사적으로 소리쳤다. 우에다는 물론 미카 씨도 깜짝 놀라 이쪽을 바라봤다. 나는 마치다 부장을 보며 말을 이어갔다.

"저도 이전에 똑같은 잘못을 저질렀습니다. 그때는 옆에 있던 사무 직원이 도와줘서 바로 고칠 수 있었지요. 혹시 발주지시서 파일 자체가 잘못을 저지르기 쉽게 만들어진 건 아닐까요?"

"잘못을 저지르기 쉽게 만들어졌다고?" 우에다가 어이없다는 듯이 다시 물었다.

"네, 숫자를 입력하고 엔터 버튼을 누르면 가끔 숫자가 지워

져버리거든요."

내가 우에다를 향해 강하게 말하자, 주위에서 "맞아, 맞아"라는 소리가 연이어 터져 나왔다.

"그거 좀 익숙해져야 쓸 수 있어."

"나도 그런 적 있는데."

"누가 좀 안 고쳐주나." 회의실이 갑자기 소란스러워졌다.

마치다 부장이 모든 소리를 제압하듯 입을 열었다.

"왜 그걸 고치지 않고 그대로 놔두는 거지?"

모두 서로 얼굴을 마주볼 뿐 말이 없다.

"그래, 누구도 고쳐보려고 한 적 없는 것 같은데."

"왜 고치려고 하지 않은 거지?"

나는 손을 들고 대답했다. "편집할 수 있는 권한이 없기 때문입니다."

주위에서 "어~"라고 납득하는 듯한 목소리가 흘러나왔다. 그러자 마치다 부장이 팔짱을 끼면서 다시 물었다.

"왜 그 파일의 편집 권한이 우리에게 없지?"

생각해보니 아까부터 마치다 부장은 정말로 "왜"라는 질문을 계속 하고 있었다. 회의실이 또다시 술렁이기 시작했다.

"그 파일을 만든 게 누구더라?"

"아마 야마다 씨일걸. IT 부문에 있던."

"야마다 씨가 누구지?"

"벌써 그만뒀습니다. 아마 고향으로 내려간다고 했던 것 같습니다."

끈질긴 물음의 효과: 적당히 타협하지 마라!

마치다 부장이 천천히 일어서면서 입을 열었다.

"이제 대충 알 것 같은데."

그렇게 말을 하면서 팔짱을 끼고 낮은 목소리를 냈다.

"이 다섯 번의 WHY는 처음 두세 번은 어떻게든 대답을 궁리해낼 수 있지만, 대체로 그 정도에서 더 이상 나아가지 못하는 경우가 많습니다. 그러는 사이 적당한 답을 찾아 '그래, 이제 알겠다'라고 해버리죠. 저도 '적당히 알겠다고 말하지 말라'고 긴조 이사님에게 자주 혼이 났습니다.

"마치다 부장님이 혼났다고요?"

마치다 부장의 이야기를 들으니 긴즈 이사의 대단함이 서서히 느껴졌다.

돌이켜보면 나는 지금까지는 긴조 이사를 마음 편하게 상담할 수 있는 '점퍼 입은 사람' 정도라고 생각했다. 하지만 사실 긴조 이사는 아주 굉장한 사람일지도 모른다. 다른 임원들도 조심하지 않는가. 내가 너무 편하게 말해서는 안 되는 사람일지도 모른다.

나는 지금까지의 일들을 선명하게 떠올리려 했다. 하지만 마치다 부장의 목소리에 금새 현실로 돌아와버렸다.

"그렇지 뭐, 인간이란 원래 적당한 수준에서 타협하고 싶어하잖나."

그렇게 말을 하면서 마치다 부장은 알 수 없는 웃음을 지어 보였다.

'편집 권한이 없는 발주지시서'가 모든 문제의 근원이라는 것을 알게 된 나는 한 가지 확신이 생겨 나도 모르게 외쳤다.

"바로 그거야!"

30

진짜 이유를 파헤쳐라

진인

: 책임을 미루지 말고 문제의 보유자가 되어라

"자, 새로운 발주지시서를 만듭시다." 나는 큰 목소리를 냈다.

"그게 좋겠군요." 마치다 부장이 빙긋 웃었다.

"누군가가 만들어야 할 텐데…."

"지시서를 체크하는 플로 차트도 필요할 것 같은데요?"

모두 경쟁이라도 하듯 의견을 제시했다. 나는 나도 모르게 미카 씨에게 말했다.

"미카 씨, 오류가 생긴 이유는 수정되지 않은 발주지시서 때문이었던 겁니다. 미카 씨가 잘못한 게 아닙니다."

미카 씨는 나를 물끄러미 바라보면서 뭔가 말하려고 했다.

그때였다. 덜컹하는 소리와 함께 회의실 문이 열리더니 낯익은 점퍼가 보였다.

"그럭저럭 '**진인**眞因'에 도달한 것 같군." 긴조 이사였다.

"안녕하십니까." 모두가 함께 인사했다. 회의실로 들어온 긴조 이사는 항상 앉았던 구석의 의자에 앉았다. 나는 긴조 이사에게 물었다.

"진인이라고 말씀하셨는데, '진짜 이유'를 뜻하는 건가요?"

"그래, 바로 봤군요, 쇼타 씨. 문제의 뒤에는 반드시 진인이 있기 마련입니다. 오류가 생겼을 때는 표면적인 문제만 바라볼 게 아니라 '왜'라는 질문을 다섯 번 반복해서 진인을 찾아야 해요. 본질적인 해결책을 모색하는 것이 도요타식 생각법입니다."

가까이에 서있던 마치다 부장이 입을 다문 채 몇 번이고 고개를 끄덕였다.

"작은 오류를 가볍게 보고 응급처치만 하거나 주위를 환기시키는 정도로 끝내버리면 진정한 해결책이 나오지 못한다는 이야기지요." 그렇게 말을 하는 긴조 이사에게 나는 "두더지 잡기 게임을 해서는 안 된다는 말씀이시죠?"라며 장단을 맞췄다. 긴조 이사는 나를 살짝 한 번 쳐다보고 다시 말을 이어갔다.

"문제의 진짜 원인을 찾지 못하는 이유 중 하나는 **책임을 서로 미루기 때문**입니다. 문제는 원인과 결과가 복잡하게 얽혀있기 마련이니까요. 단순히 '내 탓이 아니다'라고 단언하지 못한다는 얘기입니다."

긴조 이사는 그렇게 말하고 미카 씨 쪽을 봤다. 미카 씨 역시 똑바로 이사의 얼굴을 보고 있었다. "모두가 다른 사람 탓만 하고 본인은 '**문제의 보유자**'가 되지 않으려고 한다면 문제 해결은 어려워집니다. 진짜 이유를 간파하려던 '**우리들만으로 문제 해결을 모색할 수 있을까?**'라는 질문을 해야 합니다."

긴조 이사는 의자에서 일어나 수염을 쓰다듬었다.

"모두에게 전달할 사항이 있습니다." 회의실은 갑자기 정적에 휩싸였다.

"오늘 크라우드스타와 재협상을 해서 다시 계약하기로 결정했습니다."

크라우드스타와 재계약

: 남모를 긴조 이사의 고개 숙임

긴조 이사의 말이 끝나자마자 “와~” 하고 모두가 소리쳤다.

다들 “정말 잘 됐어”, “정말 다행이야”라며 좋아했다. 하이파이브를 하는 직원들도 있었다. 미카 씨를 쳐다보니 양손으로 입을 가린 채 놀라고 있었다. 눈망울이 조금 촉촉해진 것 같았다.

긴조 이사는 이런 상황을 바라보지 않았다. 이내 빠른 걸음으로 회의실을 나가버렸다.

그리고 웃음으로 회의가 끝나고, 모두 자기 자리로 돌아갔다.

복도에서 마주친 마치다 부장이 말을 걸어왔다.

“오노 씨, 그럼 새로운 발주지시서, 잘 부탁하네.”

“네, 알겠습니다.”

나는 아까부터 신경이 쓰였던 것을 물어봤다.

“부장님, 이사님은 어떻게 협의를 하셨길래 크라우드스타와의 계약을 성사시킬 수 있었나요?

“협의까지는 아니고”라는 말로 마치다 부장은 입을 열었다.

“회사 내부의 문제 해결이 내게 맡겨진 건 모두가 알고 있는 그대로예요. 음, 여러 번 수업을 받으면서 하긴 했지만 말이야.”

머릿속에서 마치다 부장과 긴조 이사가 이야기를 나누는 상황이 그려졌다. 그러고 보니 정말 둘이서 자주 이야기를 나눈 것 같다.

"그동안 이사님은 계속 크라우드스타와 연락하고, 찾아가기도 했어요. 나중에 그쪽 담당자에게 들었지만, 몇 번이고 머리를 숙여 부탁했다더라고."

"이사님이 머리를 숙였다고요?"

"그쪽 사람들이 곤란해 할 정도로 머리를 숙였던 것 같아. 고개를 들지 않아서 정말 힘들었다고, 전화로 말하더라고."

"그렇게까지나요!"

어안이 벙벙해 있었는데, 마치다 부장이 자기 이마를 손바닥으로 쳤다.

"아, 너무 많은 말을 해버렸네! 오노 씨, 지금 들은 이야기는 비밀로 해요."

그렇게 말하면서 부장은 서둘러 그 자리를 떠났다. 그러자 부장이 있던 곳 바로 뒤에 미카 씨가 서 있는 것이 눈에 들어왔다. 지금 한 이야기를 들었을까? 미카 씨는 아무 말도 없이 그냥 고개를 푹 숙이고 서있을 뿐이었다.

나는 말을 걸지도 못하고 자리로 돌아왔다.

긴조 이사는 내가 생각하는 것 이상으로 대단한 사람일지 모른다.

31

중요한 것은 '목적이 무엇인가'이다

혼자만의 착각: 오고 가는 시럽 속에

저녁 7시가 가까워졌는데 아직도 밖은 밝다. 뜨거운 바깥 공기가 피부에 닿자 실내의 에어컨 생활에 익숙해졌음을 깨달았다. 매미 울음소리가 나는 가로수길을 빠져나와 카페 '나렛지'로 들어갔다.

"어서 오세요."

유키 씨 목소리였다. 갑자기 가슴이 두근거렸다.

항상 앉던 곳에 자리를 잡자, 유키 씨가 주문을 받으러 왔다. 나는 "오, 오랜만이네요"라고 말을 걸었다.

"안녕하세요."

방긋 웃는 유키 씨에게 아이스 커피를 주문했다. 역시 흠잡을 데 없이 귀엽다.

계속해서 유키 씨가 일하는 모습을 지켜봤다. 이 시간이 멈추지 않았으면 좋겠다는 생각을 하면서 말이다.

아이스 커피를 가져다 준 다음, 유키 씨가 다시 내 자리로 왔다. '무슨 일이지?'라고 생각하는데 "죄송합니다. 이걸 갖다드리는 걸 잊어버렸네요"라며 시럽을 건네주었다. 나는, 시럽을 넣지 않는데…? 너무 오랜만이어서 잊어버린 모양이었다…. 그건 그렇지만 시럽을 받으면서 나도 모르게 우키 씨와 손가락이 닿아버렸다. 온몸에 전기가 흐르는 듯한 느낌을 받았다.

그러고는 그 시럽을 주머니에 살그머니 넣었다.

프레젠테이션 연수: 우에다의 충동질

최근 영업본부 내에서 "프레젠테이션 연수를 하자!"는 의견이 흘러나왔다.

‘영업을 하다보니 제대로 된 프레젠테이션은 못한다’라는 위기감에서 비롯된 것 같았다. 이런 의견이 나오는 것은 긍정적인 일이다.

하지만 외부로 돌아다녀야 하는 영업의 특성상 영업 직원 모두가 한자리에 모이기는 어렵다. 연수를 언제 할지, 누가 중심이 돼서 준비할지, 모든 것이 아직 애매했다. 그런 와중에 “오노가 담당하면 되겠네”라는 터무니없는 말이 나오기도 했다. 하지만 결정된 것은 아무것도 없이 그냥 시간만 흘러갔다.

그러던 어느 날, 고객 방문을 하러 나가는 길이었다. 복도 반대편에서 우에다가 걸어왔다. 우에다는 스쳐 지나가면서 말을 걸었다.

“어, 쇼타. 프레젠테이션 연수 말이야, 네가 한번 해보지 그래?”

나는 걸음을 멈추고 말을 받았다.

“내가 맡아서 열심히 한다 해도, 사람이 얼마나 모이겠어?”

“그러니까 모이게 만들어야지!”

우에다가 날카롭게 지적했다.

나는 괜히 위화감이 느껴져 우에다와 말을 섞는 게 내키지 않았다. 고개를 좌우로 저으며 “그건 아닌 것 같은데”라고 말했다. 내가 그 자리를 벗어나려고 하자, “그렇지 않다니, 그게 무슨 말이야!"라며 우에다는 평소와 달리 목소리를 높였다.

우에다는 보니 나를 매섭게 쏘아보고 있었다. 나는 놀라 입을 다물어버렸다. 왜 이 자식한테 이런 말까지 들어야 하지?

그때였다.

"자네들, 복도에서 왜 떠들고 있나?" 긴조 이사가 저쪽에서 다가왔다.

우에다와 나는 목례를 했다.

"그렇게 큰 소리로 프레젠테이션 연수에 사람을 모이게 하느니 마느니, 일을 열심히 하는 건 좋은데 뭔가 중요한 걸 잊고 있는 거 같은데."

"중요한 거라니요?" 우에다가 목소리를 높였다.

"무슨 뜻인지 알겠나, 쇼타?" 긴조 이사는 내 눈을 바라봤다.

"중요한 게 뭔지는 잘 모르겠습니다만, 솔직히 그 연수를 왜 하는 건지조차 잘 모르겠습니다."

그러자 긴조 이사는 "그래, 중요한 것은 **'목적이 무엇인가'**이지"라고 말하면서 수염을 쓰다듬었다. 그는 팔짱을 끼며 말을 계속했다.

"무엇을 위해서 이 연수를 하는지 분명하게 의식해야 해. 종종 목적과 수단을 혼동하는 경우가 있더라고. 새로운 시스템을 도입해야 한다거나, 새로운 툴을 사용해야 한다고 말하면서 돌아다니는 사람들이 그런 경우지. 결과적으로 새로운 시스템을 도입했다든가 새 툴을 사용하니 이제는 괜찮다고 착각하는 사례도 끊이질 않고. 항상 '**무엇을 위해서 이걸 하는지**' 목적을 잊어서는 안 돼!"

그렇다. '무엇을 위해서 이 연구를 하는 건지'가 빠져있었다. 우에다도 계속 고개를 끄덕였다. 긴조 이사는 그런 우에다에게 시선을 돌려 말을 이어갔다.

"그리고 그 수단과 그 수법밖에 없다고 생각해버리면 사람은 아주 쉽게 목적을 잃고 말지. '**어떤 결과를 얻기 위해서 이 일을 하는가?**'를 의식해야만 하네."

나는 고개를 몇 번 끄덕인 다음 우에다에게 말을 걸었다.

"우에다, 뭐 때문에 연수를 하는 거지?"

우에다는 코끝을 손으로 긁으면서 대답한다.

"뭐 때문이냐니…. 프레젠테이션을 잘하고 싶으니까지."

"프레젠테이션을 잘하게 돼서 무슨 결과를 얻고 싶은 거지?"

"그거야 당연히 수주를 하고 싶으니까." 내가 연달아 질문하자 우에다가 계속해서 대답했다.

"그래, 프레젠테이션을 엉성하게 해서 수주에 실패하는 건 상상만 해도 끔찍하지. 수주 성공 가능성을 높여야 하니, 프레젠테이션의 정확도를 높이려는 거야. 그래서 연수가 필요한 거고."

"언제 어디서 대규모 프레젠테이션 기회가 오더라도 대응할 수 있도록 준비해놓고 싶은 거지. 그런 연수 내용을 생각하면 되겠는데…. 이건 내가 한번 만들어볼게."

우에다의 제안에 고개를 끄덕이고 긴조 이사를 바라봤다. 그는 수염을 쓰다듬으며 미소 지었다.

유키 씨를 보는 목적: 계속 함께 있고 싶다!

고객 방문을 마치고 돌아가는 전철어서 자리에 앉을 수 있었다. 넓적다리에 어떤 물체가 느껴졌다. 주머니에 손을 넣어보니 카페 '나렛지'에서 넣어둔 시럽이 나왔다.

그런데 나는 무엇을 위해서 '나렛지'에 그렇게 열심히 다니는 거지? 사실, 생각할 필요도 없는 일이었다.

나는 아이스 커피를 마시고 싶은 것이 아니다. 유키 씨를 만나기 위해 가는 거다. 그렇다면 뭘 해야 하는 걸까?

"그래." 나는 마음속으로 한 가지 결심을 했다.

다음 날, 주말이어서 쉬는 날이었지만 나는 '나렛지'로 향했다. 유키 씨에게 고백하기 위해서다! 이제 일일이 그녀의 쉬는 날을 염려하거나, 가게에 있는지 없는지 때문에 일희일비하고 싶지 않다. 그녀와 계속 함께 있고 싶다. 그래서 고백을 하기로 마음먹었다.

문을 열자 "어서 오세요"라는 큰 목소리가 들렸다. 유키 씨다.

나는 어색한 발걸음으로 항상 앉던 자리에 앉았고 주문을 받으러 온 유키 씨에게 "저, 오늘 몇 시에 끝나세요?"라고 말을 던졌다.

"네? 오후 5시인데요…"라고 조금 의아해하면서 대답한다.

"그럼 가게 앞에서 끝나는 걸 기다리고 있겠습니다."

호기롭게 말했지만 내 손은 땀으로 범벅이 되어있었다. 유키 씨는 조금 곤란하다는 듯한 표정을 지었지만 "네"라고 대답하고 그 자리를 떠났다.

연애도 타이밍: 다음 달에 그만둡니다

커피를 다 마시고 '나렛지'를 나온 나는 5시까지 가게 앞에서 기다렸다.

어떻게 고백할까 생각은 했지만, 갑자기 좋아한다고 하거나 사귀자고 하면 부담스러울 것 같았다. 우선 데이트 신청을 하고,

데이트하는 날 고백을 하는 것이 좋을 것 같았다.

데이트 장소로는 어디가 좋을까? 영화관? 유원지? 아니, 처음이니까 함께 밥을 먹는 정도가 좋을지도 모른다. 이런저런 생각을 하는 사이에 일을 마친 유키 씨가 나타났다.

순간, 맥박이 갑자기 빨라졌다.

"죄송합니다. 많이 기다리셨죠…. 무슨 일인가요?"

"아, 불러내서 미안합니다. 저…."

나는 땀으로 범벅이 된 손을 꽉 쥐고 용기를 내서 말했다.

"다음 달 언제 같이 식사라도 했으면 해서요."

그러자 유키 씨가 난처하다는 듯 말했다.

"저, 죄송합니다. 저, 다음 달에 '나렛지'를 그만둡니다."

"왜, 왜요?" 바로 이런 말이 튀어나왔다.

"저, 내년에 결혼을 하거든요. 그래서…."

더 듣고 싶지 않았다. 나는 "아, 그랬군요…. 축하합니다"라고 말했다. 곧 형식적인 축하 인사를 다시 하면서 "시간 뺏어서 미안합니다"라고 말을 한 뒤, 서둘러 집으로 향했다.

나의 그해 여름은 이렇게 맥없이 끝나버렸다.

매미 울음소리가 귓가에 공허하게 울려 퍼졌다.

진짜 이유를 파고드는 생각

도요타에서는 '왜'라는 물음을 중요하게 여기며, 실제로 '왜'라고 묻는 경우도 많았습니다.

'왜'라고 묻는 것은, 바꿔 말하면 **'사실을 있는 그대로, 머리를 백지상태로 만들어보는 것'**이라고 생각합니다.

생각하지 못한 일이 발생했을 때 '운이 나빴다'거나 '궁합이 맞지 않았다'라며 자기 마음대로 해석하고 끝내버리는 것은 좋지 않습니다. '왜 그런 일이 생겨났는지' 물어야 문제의 진짜 이유를 찾을 수 있습니다.

그런데 진짜 어유를 찾다보면 원인은 자기 때문이 아니라 다른 사람의 탓이라는 것을 알게 되는 경우도 있습니다. 그럴 때 거기서 문제 해결을 갑자기 그만둬버리는 사람도 적지 않지요.

보통 사람이라면 그렇게 움직일지도 모릅니다. 원인이 자신에게 있으면 해결책을 생각할 필요가 있지만, 원인이 다른 사람에게 있다면 그렇게까지 생각하지 않겠지요. 해결은 다른 사람이 해야 하니 마치, 자신까지 괜한 말로 지혜를 빌려줄 필요가 없다는 생각마저 해버립니다.

그러나 도요타에는 그런 생각이 존재하지 않습니다. 그렇게 해서는 문제를 해결할 수 없기 때문입니다.

문제의 진짜 원인을 찾지 못하는 이유 중 하나는 이렇게 **책임을 서로 전가**하기 때문입니다. 문제 안에는 원인과 결과가 복잡하게 얽혀있습니다. 그래서 단순하게 '내 잘못이 아냐!'라고 단언하기 어려운 것입니다. '저 사람 때문에', '저 사람이야말로'와 같이 모두가 다른 사람 탓만 하며 문제의 핵심을 피해가면 결코 문제를 해결할 수 없습니다.

또한 도요타에서는 어떤 문제가 생기면 **해결할 때까지 그 현장을 벗어나지 않습니다**. 제가 있던 정비현장에서는 무슨 수를 써도 수리가 제대로 안 되는 경우가 있습니다. 이럴 때 그 사실을 적당히 얼버무려 넘기고 끝내버리려고 하는 것은 그냥 고장난 채로 냅두는 것과 다르지 않기에 고객에게 큰 폐를 끼치겠지요. 그러니 반드시 근본적인 원인을 찾아내고 해결하지 않으면 다음 단계로 넘어갈 수 없습니다.

단지 제가 담당했던 자동차뿐 아니라 정비하는 모든 자동차에 해당되는 이야기입니다. 문제가 생기면 여기저기서 선배 직원들이 달려와 "무슨 일이야?" 하며 관심을 보입니다. 이는 모두가 문제의 소유자라고 의식하기에 가능한 일입니다.

또한 일이 잘 풀렸을 때도 '**다섯 번의 WHY**'를 반복하도록 했습니다. 순조롭게 잘되었을 때는 모든 것을 잊고 기뻐하고 싶겠지요. 하지만 그럴 때야말로 'WHY'라는 질문을 해야 **성공 과정을 명확**하게 파악할 수 있기 때문입니다.

과정을 분명하게 파악해두면 똑같은 상황이 발생했을 때 성공을 반복하기 쉽습니다.

가령 자동차 개발현장에서는 문제없이 잘 달리는 '완성 차'를 다시 전부 분해해서 부품을 확인합니다. '왜' 문제없이 달렸는지를 알아보기 위해서 그렇습니다.

도요타가 거대 기업이 된 이후에도 지속적으로 성장할 수 있는 이유는, 실패뿐 아니라 성공까지 그 원인을 명확히 파악해두기 때문입니다.

과정을 분명히 파악한다

성공·실패
다섯 번의 WHY
불운은 원인이 아니다
원인
모두 함께 찾는다
원인을 찾지 못하면
앞으로 나아갈 수 없다
누구든 문제의 당사자라는
의식을 가지고
'둔제의 보유자'가 된다
진짜
이유
왜 성공했는지,
왜 실패했는지의 과정을
명확하게 밝힌다
과정 파헤치기
함께 공유한다

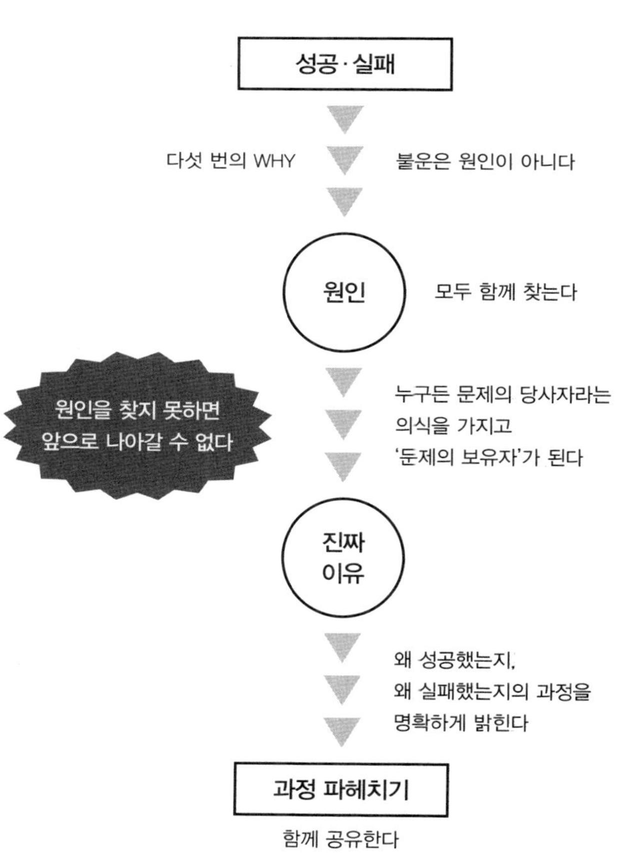

스피드가 해결책이다

왜 속도가 일의 결과를 좌우하는가?

속도를 올리기 위해 '달리면서 생각하는' 방법이란?

POINT

보다 빨리 문제에 접근하는 것이
성과를 크게 좌우한다

직접 생각해보는 힌트

1. 빨리 움직이면 문제를 빨리 파악할 수 있다

2. 작은 힌트를 모아 형태를 만든다

3. '어떻게 하면 할 수 있을지?'를 고민한다

32

교지는 졸속만 못하다

교지와 졸속

: 서투르다 할지라도 우선 해보라!

최고의 '안식처'였던 '나렛지'는 내게 아픈 장소로 변해버렸다. 역시 내가 있어야 할 곳은 화장실뿐일까…. 이제 정말로 일에만 전념하기로 결심했다.

먼저 연수 준비가 급했다. 후배 직원 몇 명과 함께 '수주율을 높이기 위한 연수' 준비 회의를 여러 차례 열었다.

그날도 업무를 마친 뒤 밤부터 회의를 시작했다. 평소와 달랐던 것은 중간에 긴조 이사가 들어와 구석에 앉아 지켜보고 있다는 것이다.

오늘 회의 내용은 강사 선정에 관한 건이었다.

"누구에게 배울지가 정말 중요한 거 아닌가?"

내가 중얼거리자, 모두 그렇다는 표정을 지으며 고개를 끄덕였다.

"저, 영업 분야에서 유명한 야마시타 선생님께 부탁하면 어떨까요?"

어느 후배 직원이 입을 열자, 일제히 논의가 시작됐다.

"그분, 인터넷 통신판매 분야에서도 꽤 알려지신 분이잖아."

야마시타 선생님은 자동차 판매 영업 분야에서 높은 실적을 올리고, 영업 관련 책도 몇 권 내신 분이다.

"그분이 쓰신 책 정말 재밌었는데, 직접 이야기를 들으면 좋겠어요!"

"그렇지만 그렇게 유명한 사람을 초빙하려면 돈이 많이 들어갈 텐데…. 예산을 확보할 수 있으려나?"

"역시 사내에서 적당한 강사를 찾아야 하나."

논의가 늘어질 무렵, 한 후배 직원이 우에다를 쳐다보며 밝은 목소리를 냈다.

"그래. 우에다 선배! 강의 부탁합니다. 수주를 가장 많이 하잖아요."

우에다는 고개를 좌우로 흔들며 "전 못해요, 해본 적도 없고"라고 말했다.

그때, 계속 앉아만 있던 이사가 "우에다 씨" 하며 일어섰다.

긴장감과 함께 모두의 시선이 집중된 가운데 긴조 이사는 천천히 입을 열었다.

"왜 해보기도 전에 못한다고 단정하지? 자네가 무슨 점쟁이라도 되나?"

우에다는 계속 이사의 눈을 바라보고 있다.

"일단 한번 해보면 어떨까? 강사를 부르든 누군가가 하든, 두 가지 의견이 나왔으면 양쪽 다 해보면 될 거 같은데. 그렇게 하면 결과에 대해서도 만족할 수 있을걸. 문제가 있다면, 개선해서 더 낫게 만들어가면 되고."

말을 이어가며 이사는 화이트보드에 무언가를 썼다.

'교지巧遲는 졸속拙速만 못하다'

"'솜씨가 좋아도 속도가 느리면 대충 하는 것만 못하다'란 말씀이시군요." 우에다는 고개를 갸우뚱하며 대답한다. 순간 번쩍 생각이 떠오른 나도 끼어들었다. "잘하기는 하나 느린 것보다 완벽하지는 않지만 빨리 움직이라는 말씀이시죠?"

"맞아, 그거야. **서투르다 할지라도 우선 해보라**는 의미지. 서두르면 문제가 생기지 않을까 걱정이 들지도 모르지만."

이사는 우에다와 눈을 마주치면서 계속 말을 이어갔다. "그렇지만 서두르면 그만큼 뭐가 잘못되었는지 곧바로 알 수 있지 않은가."

우에다는 수긍하면서 조용히 자리에 앉았다.

나는 일어나 멤버들을 향해 목소리를 냈다.

"자, 그럼 사내에서 추진하기로 하겠습니다. 다음 회의에서는 연수 내용에 대해서 논의하도록 하겠습니다."

"네." 모두가 일제히 대답했다.

틈새 조언

: 지시한 것을 모두 알아서 잘할 거라고 생각하지 마라!

회의실을 나오려는데 이사가 말을 걸었다.

"쇼타 씨, 멤버들이 **지시한 것을 모두 알아서 잘할 거라고 생각하면 큰 오산이야.** 그렇기 때문에 다른 멤버들에게 폐를 끼치지 않기 위해서라도 지시한 것은 바로 시켜야 해. 눈앞에서 하는 것을 보고 있으면 내가 책임을 지고 그 자리에서 정정할 수도 있고."

"그러네요. 그래서 '교지는 졸속만 돗하다'라고 말씀하신 거군요. 네, 잘 알겠습니다!"

"바로 그거야."

돌아가는 길에 편의점에서 비즈니스 잡지를 샀다. 이전에는 전혀 이랬던 적이 없는데…. 이런 잡지에 관심을 가지게 되다니, 내가 성장을 하기는 했나보다. 집에 도착해 잡지를 훌훌 넘기며 살펴봤다. 기사 하나가 눈에 들어왔다. 미국에서 소셜미디어 비즈니스를 시작한 유명 기업인의 인터뷰였다.

그 사람이 직원들에게 항상 하고 있다는 말이 가슴에 '투욱' 하고 와닿았다.

'완벽을 추구하기보다 일단 끝내라.'

이것 역시 '교지는 졸속만 못하다'는 말과 같은 의미다.

이 기업인은 미국 주식시장에 기업을 상장시켜 거부가 되었다고 한다.

어느새 양팔에 소름이 돋았다.

33

인간관계는 입보다 귀로 만들어라

저조한 연수 신청

: 한 사람 한 사람의 다양한 의견 반영

그 다음 회의에서는 본격적으로 연수 내용을 기획하기 시작했다. 제목은 〈프레젠테이션의 기본〉으로 하고, 강사는 우에다가 하기로 결정했다. 개최 날짜는 2주 후인 월요일로 잡았다. 연수 개요를 한 장의 전단지로 만들어 출력했다.

영업 회의에서 연수 내용을 공지했고, 제작한 전단지는 영업부에 모두 배포했다. 그러나 신청자가 거의 없었다. 복도에서 만나는 동료나 후배에게 일일이 설명하고 참가를 독려해 보기도 했다. 그런데도 참가 신청 메일은 전혀 늘어나지 않았다.

"이게 뭐야, 모처럼 기획한 건데 말이야. 모두 의욕이 없는 거 같네…. 애초에 프레젠테이션 연수를 하자고 한 건 내가 아닌데…." 그렇게 투덜거리고 있는데, 전화 벨이 울렸다. "쇼타 씨인가?" 긴조 이사의 목소리다.

"네, 무슨 일이신지요?"

"그 연수 신청자가 얼마나 되나?" 역시 이사님이시다, 아픈 곳을 들춰낸다.

"그게… 전혀 모이질 않습니다." 나는 퉁명스럽게 대답했다.

"쇼타 씨, 한 가지만 충고하지."

"뭔가요?" 나는 수화기를 강하게 쥐어잡았다.

"인간관계는 입이 아니라 귀로 만들어야 하는 거야."

"인간관계를…, 귀로 만들라고요?"

갑자기 말문이 막혔다. 다시 물어보려고 했지만 곧바로 전화가 끊겼다. 기계음만 들렸다.

수화기를 내려놓고 나는 한곳만을 바라보며 조금 전 말을 되새겼다.

"인간관계는 입보다 귀…."

내가 해왔던 일을 돌이켜 생각해보니 한 가지 깨달음이 떠올랐다.

"그래, 일방적으로 말만 하지 말고 상대의 이야기를 들으라는 뜻이구나."

생각해보니 분명히 그랬다. 참가 인원을 늘리고 싶은 마음이 앞서서 내가 하고 싶은 말만 했던 것 같다. 나는 영업부 모두에게 프레젠테이션 연수에서 어떤 내용이 다뤄지기를 원하는지 물어봐야겠다고 생각했다.

시간이 걸리기는 했지만 모두의 자리를 돌아다니며 물어봤다. 그러자 예상보다 더 다양한 의견을 들을 수 있었다.

예를 들면, 이러했다.

이론이나 기본적인 내용보다는 바로 써먹을 수 있는 실천적인 내용이 좋겠다는 의견.

월요일에는 연수 개최를 안 했으면 좋겠다는 의견.

신청 방법은 이메일보다 웹사이트에서 하는 것이 좋겠다는 의견 등등….

나는 하나하나 메모하며 정중하게 이야기를 들었다. 연수 내용과 진행에 활용해야겠다고 생각해서였다. 생각해보면 가장 처음의 형태는 완벽하지 않아도 괜찮은 거였다. 그야말로 움직여봐야 비로소 반응을 알 수 있다. 정말 '졸속'을 통해 깨달음을 얻을 수 있는 거구나.

모처럼 화장실에서의 조우
: 상사와 부하 사이에 고민 상담

점심시간이 끝나갈 무렵 나는 화장실에 있었다. 손을 씻고 있었는데 거울에 비친 긴조 이사가 뒤에서 말을 걸었다.

"쇼타 씨, 오늘은 틀어박혀있지 않네?"

"네, 그게 무슨 말씀이신가요?"

"아니, 됐어. 아, 전화로 말한 것의 뜻을 알아차린 것 같은데?"

"네, 입보다는 귀. 다른 사람들에게 물어보는 것부터 시작하라는 의미셨지요?"

내가 정확하게 대답한 듯했다.

"그래, 도요타의 상사는 부하 직원들을 눈여겨 지켜보고 있을 뿐 아니라 자주 이야기를 듣고는 한다네. 정답을 알려주지는 않지만 상담을 하면서 '그래, 같이 생각해봅시다'라고 말을 하거든." 이사는 손수건으로 손을 닦았다.

"그러면 상사와 부하 사이에 일체감이 생겨 동기부여에도 효과적일 것 같습니다."

“바로 그거야. 그러니까 쇼타 씨도 앞으로 부하가 상담을 요청하면 하던 일을 멈추고 이야기를 들어줘야 해.”

“알겠습니다. 하지만 다른 일로 너무 바빠 상대하기 어려울 때에는 어떻게 해야 하나요?”

“어려울 거 같으면 ‘언제 상담할지’를 그 자리에서 정하게.”

긴조 이사와 나는 함께 화장실에서 나왔다.

성공적인 연수 교육: 회심의 미소

그리고 2주 후 프레젠테이션 연수가 개최되었다. 간단한 신청 툴을 만들어 이메일로 안내한 것이 좋았는지, 영업부 직원들 중 80퍼센트가 참석했다.

연수 내용도 피드백을 중심으로 구성했다. 실제로 모의 프레젠테이션을 진행하면서 우에다를 비롯한 참가자 모두가 좋은 점과 개선점을 전달하는 형식이었다. 이런 방법으로 각각의 약점을 명확히 하고 그 자리에서 수정을 할 수 있어서 많은 도움이 되었다.

그뿐만 아니라 우에다가 지금까지 수주해온 노하우를 공유하는 것으로도 이어져서 나는 혼자서 회심의 미소를 지었다.

34

우선은 좋은 안보다 많은 안이 필요하다

경쟁입찰: 가을의 문턱에 서서

회사까지 이어지는 가로수길에서 저녁 매미의 울음소리가 들려온다. 아직 더위가 완전히 가신 건 아니었지만 이따금 불어오는 바람에서 어렴풋이 가을 향기가 느껴졌다.

휴일이 지나고 다시 월요일. 아침부터 회사는 떠들썩했다. 미카 씨는 싱글벙글 웃으며 "경쟁입찰이다, 경쟁입찰!"이라며 큰 목소리를 냈다.

자세하게 물어보니, 대형 광고대행사인 DHK에서 시스템 증강을 위한 경쟁입찰 건으로 연락이 온 모양이었다.

"그런데 우리는 광고대행사와 거래한 적이 없지 않나요? 왜 우리에게 연락을 한 걸까요."

"그런 건 잘 모르겠고, 어찌 되었든 상관없잖아?"

미카 씨는 다른 사람의 일처럼 말했지만, 나는 왠지 모르게 신경이 쓰였다.

'왜'라는 단어가 문득 떠오르는 것을 보니, 혹시 '다섯 번의 WHY'가 이미 몸에 밴 것 아닐까라는 생각도 들었다.

서버 200대 발주: '뉴스거리가 될만한 서버'

다음 날 오후, 마치다 부장을 필두로 미카 씨와 우에다, 나를 비롯한 많은 인원이 DHK를 방문해 오리엔테이션을 들었다. 오리엔테이션은 경쟁입찰을 앞두고 어떤 제안을 기대하고 있는지에 대한 개요를 듣는 자리였다. IT 업계에서는 제안요청서(RFP)로 대체하는 경우가 많은데, 역시 광고 업계는 뭔가 다르다. 경쟁입찰도 일종의 이벤트일지도 모른다. 더욱이 이렇게 많은 인원이 고객사를 방문하는 경우는 처음 있는 일이었기에, 이번 건이 얼마나 큰 건인지 짐작할 수 있었다.

회장에 들어서 직원의 안내를 받아 회의실로 갔다. 안으로 들어가자 50명은 충분히 들어갈 수 있을 것으로 보이는 긴 회의실 앞쪽에 3개의 스크린이 걸려있었다. 지정된 자리에 앉아 둘러보니, 우리처럼 오리엔테이션을 들으러 온 것으로 보이는 몇 개의 기업 사람들이 좌우에 앉아있었다. 미카 씨가 소곤소곤 귓속말로 알려준 바에 따르면 오른편에 앉아 있는 몇 명은 스피드컴퓨터의 직원이라고 했다. 미카 씨는 고거사에서 마주친 적이 있어서 기억하고 있는 것 같았다.

시작할 시간이 다가오자, 머리를 빡빡 깎은 한 남자가 들어와 목례를 했다. 셔츠깃이 바짝 서있고 뾰족한 구두가 반짝반짝 빛났다. 과연 광고 회사 사람다운 느낌이 났다. 그 빡빡 머리의 남자가 천천히 마이크를 잡고 말하기 시작했다.

"여러분, 먼저 이 자리에 참석해주신 데 깊이 감사드립니다. DHK에서 이사직을 맡고 있는 효도라고 합니다."

효도 이사는 조금 빠르지만 날카로운 목소리로 말을 이었다.

"저희 회사는 '투명성이 높은' 광고대행사로 널리 알려지면서 업계 3위까지 부상한 신흥 기업입니다. 연이어 신규 분야로 사업을 확대하고 있으며, 앞으로 세계 규모의 웹서비스를 실현하기 위한 인프라 선행 투자로 서버 200대를 발주할 예정입니다."

"200대…!" 회의실이 갑자기 술렁였다.

"단!" 효도 이사가 검지를 치켜세우며 동요를 진정시켰다.

"일반 서버를 주문하는 데는 관심이 없습니다. 뉴스거리가 될 만한 서버를 꼭 제안해주셨으면 합니다"라고 말을 이어갔다.

"뉴스거리가 될만한 서버…?" 지금까지 들어본 적이 없는 요구였기 때문에 순간 이해하기가 어려워졌다. 아마도 미카 씨와 우에다도 같은 느낌이 들었으리라고 생각한다. 이어서 효도 이사가 제안서 제출 기한 등에 대한 설명을 하고 간단한 질의응답까지 마치자 오리엔테이션은 끝났다.

나는 가까이에 서있던 DHK 직원을 붙잡고 "왜 저희 회사에 연락을 주셨는지요?"라고 물어봤다. 그 직원은 오래전에 '애프터서비스가 빠르다'는 전단지를 본 후에 관심이 생겨 한번 연락해보기로 마음먹고 있었다고 했다.

"어, 그 전단지는 전에 미카 씨랑 같이 만들었던 건데." 놀라웠다.

어디에서 무엇이 작동하고 있는지 정말 알 수 없다.

가볍게 인사를 하고 회의실에서 나왔다. 회사로 돌아가면서 "어떤 제안을 해야 할까요?"라고 마치다 부장에게 물었다. 그러자 부장은 팔짱을 낀 채 "이 싸움은 우리에게 너무 불리해"라고 중얼거렸다.

부장의 말에 따르면 현재 DHK의 시스템 전반을 담당하고 있는 회사는 우리들 오른쪽에 앉아있었던 스피드컴퓨터였다. 그들은 이미 DHK의 시스템환경을 너무 잘 알고 있기 때문에 유리하다는 것이다.

미카 씨가 "그러면 이건 미리 짜여진 판이잖아요!"라고 했다. 모두가 황급히 주위를 둘러봤지만 다행히 스피드컴퓨터 사람들은 없었다.

아이디어 회의
: 작은 힌트들로 형태를 만드는 습관

회사에 돌아가자마자 곧바로 경쟁입찰에서 이기기 위한 아이디어 회의가 열렸다. 회의에는 오리엔테이션에 참가한 멤버 모두가 참석했고, 마치다 부장에게 상황을 들은 것 같은 긴조 이사도 왔다.

회의실의 분위기는 무겁고 조용했다. "'뜻밖의 뉴스거리가 될 만한 서버'라는 게 도대체 뭘 말하는 건지 모르겠어"라고 미카 씨가 투덜거리는 말투로 입을 열었다. 모두가 머릿속으로 생각하고 있었던 것을 대변하는 듯한 투덜거림이었다.

"아, 그래." 미카 씨가 갑자기 목소리를 냈다.

"사실 알고 보면 맥주 서버여서 전원을 켜면 맥주가 나오는 건 어떨까?"

"호호호, 서버의 다른 뜻을 써보자는 거네요?" 모두가 한바탕 웃었다.

"에비나 씨, 장난 그만하고." 우에다가 차가운 말투로 말했다.

"그런 진부한 생각으로는 절대 이기지 못할 것 같습니다."

너무 냉담한 말투여서 회의실이 갑자기 조용해졌다.

나는 참지 못하고 입을 열었다.

"글쎄요, 우선 아이디어를 많이 내는 게 좋지 않나요?"

"이길 수 있는 아이디어를 내지 못하면 시간 낭비죠."

우에다가 곧바로 내 눈을 노려보며 거칠게 한마디 했다.

그러자 긴조 이사가 일어나 분위기를 제압했다.

"잠깐만, 우에다 씨. 쇼타 씨 말이 맞아. **우선은 좋은 안보다 많은 안이 필요한 거야.**"

나는 기분이 좋았지만 우에다는 "많은…"이라며 고개를 떨어뜨린 채 투덜거렸다.

"뭔가 대단한 제안을 해야 한다고 힘줄 필요는 없어. 작은 제안과 작은 깨달음, 작은 아이디어가 쌓여 세상을 바꿔나가는 거야. 아이디어 회의란 우선 질보다 양을 생각하는 게 필요하지."

그러자 우에다가 벽을 쳐다보면서 말했다.

"그럼, 여기 우수한 선배 직원이 아이디어를 내면 되겠네요."

"아니, 틀렸어." 즉시 이사가 대답했다.

"아이디어는 한 사람이 내는 것보다, 하나씩이라도 좋으니 10명이 내는 것이 좋아. 그리고 그걸 잘 정리하는 것이 중요하지. **여러 멤버들이 작은 힌트를 서로 내서 그것을 형태로 만들어가는 습관**을 몸에 익혀야 하네."

긴조 이사의 말에 이어 내가 모두를 향해 말했다.

"자, 계속해서 아이디어를 내봅시다! 우에다도 생각해보고."

이를 계기로 모두들 서서히 아이디어를 내기 시작했다.

"음, 서버가 난방 기능이 되는 것은 어떨까? 겨울에는 정말 좋을 것 같지 않아?"

"냉각 팬에 피리 같은 게 붙어있어서 음악을 연주하는 서버가 있으면 즐겁지 않을까?"

"유명한 디자이너가 디자인한 컬러풀한 서버가 만들어지면 화제가 될 것 같은데."

계속해서 모두가 재밌는 발상을 해냈다. 우에다의 얼굴에도 조금씩 미소가 넘치기 시작했다.

나는 손에 든 메모장을 봤다. 어지럽게 써진 글씨들 중에서 '투명성'이라는 글씨가 눈에 들어왔다. 오리엔테이션 때 쓴 것이었다.

"투명성이 높은 회사니까 투명한 서버를 만들면 어떨까?"

"그거 좋은데!" 우에다가 자신도 모르게 밝은 목소리를 냈다.

35

문제에 봉착하는 것은
운이 좋다는 증거다

서버 제작: 투명한 서버, '스켈리톤 서버'

우에다의 한마디에 내 아이디어가 주목을 받아 '투명한 서버'에 대해 계속 논의하게 되었다.

"스켈리톤 서버Skeleton Server'라면 분명히 화제가 될꺼야!"

"투명성이 높은 회사라고 어필하는 것과도 딱 들어맞으니까, 정말 좋은 아이디어 같네요."

"제조 과정에 부담도 없고, 내부 구조는 똑같으니까 비용도 절감할 수 있지 않을까요?”

“그런데 소재로 뭘 쓰죠? 유리? 아니면 아크릴?”

아이디어를 내기는 했지만 소재는 미처 생각하지 못했다.

소재는 다음에 제조 부문 담당자들과 함께 검토하기로 하고, 일단 ‘스켈리톤 서버’ 제작을 추진하기로 의견을 모았다.

*

같은 지역 외곽에는 공업지대가 형성되어있다. 크고 작은 다양한 공장이 늘어선 한편에 킹컴퓨터의 제조공장이 있다. 연구소도 함께 있기 때문에 신입 직원 연수를 받기 위해 방문한 적은 있지만, 그 뒤에는 온 적이 거의 없다.

나와 우에다는 ‘스켈리톤 서버’의 시제품을 의뢰하기 위해 공장을 방문했다. 공장 안에 있는 제조 부문 직원들과 머리를 맞대고 가능성을 타진했다. 전문적인 것은 전혀 모르니까 모두의 논의를 메모하면서 이야기를 열심히 듣는 수밖에 없었다.

결과적으로 서버의 열을 밖으로 내보내야 하는 특성을 감안하면 아크릴수지로 만드는 것이 좋겠다는 것이었다. ‘교지는 졸속만 못하다’고 했으니 곧바로 기본형을 만들어 테스트해보기로 했다. 테스트는 다음 날 아침에 하려고 했으나, 빨리 시험해

보고 싶었던 나는 "지금 바로 해보면 안 될까요?"라고 부탁했다.

그러나 그것은 치명적인 결과로 이어지고 말았다.

공장 화재: 새벽 2시의 전화

그날 밤 자고 있던 나는 스마트폰의 진동 소리에 잠을 깼다. 시계는 새벽 2시를 가리키고 있다. 제조 부문의 공장장의 전화였다. 만들려고 시도했던 '스켈리톤 서버'에서 불꽃이 튀면서 공장 전체로 옮겨붙었다는 것이다.

"공장이 불탄다고요?!"

나는 큰 소리를 내며 벌떡 일어났다. 도로로 뛰어나가 택시를 잡았다. 택시비 같은 것을 생각할 여유가 없었다. 필사적으로 대처할 수밖에 없었다. 현장에 가까워질수록 소방차의 사이렌 소리가 점점 크게 들렸고, 정신이 혼미해져 살아있다는 느낌조차 없었다. 이 소동을 내가 일으켰던 말인가? 내가 공장을 다 태워버리게 되었단 말인가?

현장에 도착하자 소방차 2대가 보였고, 불은 바로 진화한 것 같았다. 주변에는 불을 끌 때 생긴 물구덩이가 생생하게 남아있었다. 택시에서 내려 비틀비틀 다가가자 공장장이 보였다.

"공장장님!"

내가 달려가자 공장장은 "괜찮아, 다행히 작은 불로 끝났어"라고 말했다. 안도감 때문이었을까, 나는 무릎에 힘이 빠지면서 그 자리에 주저 앉고 말았다.

바지 무릎 쪽에 물이 스며들었지만 아무것도 느낄 수 없었다.

긴조 이사의 위기
: 스스로의 힘으로 극복할 기회

며칠 후 소방서로부터 들은 이야기로는 역시 '스켈리톤 서버'가 화재의 원인이었다고 한다. 시제품의 아크릴 케이스가 열로 녹아버렸고, 녹아내린 케이스가 가까이에 놓아두었던 종이에 옮겨붙었던 모양이었다.

긴조 이사는 경찰과 소방서만이 아니라 사장에게까지 불려가 상황 설명을 해야만 했다. 재발 방지책에 관한 자료도 제출해야 하는 것 같았다. 소문에 따르면 영업 담당 이사로 강등당하면서 감봉을 피하지 못할 것이라는 이야기도 있었다.

나는 '이제 끝이다'라고 생각했다. 긴조 이사가 계속 경고한 대로 이제는 정말 해고당하겠지.

며칠 후 긴조 이사로부터 '회의실B'로 오라는 연락을 받았다.

그 순간 나는 각오를 했다. 사회인으로서, 조직의 일원으로서 책임을 져야 한다고….

회의실로 들어서자 긴조 이사는 팔짱을 낀 채 앉아있었다.

나는 깊이 머리를 숙이고 나서 입을 열었다.

"말도 안 되는 일을 일으켜 정말 죄송합니다. 이제 정말 어렵겠지요."

긴조 이사는 여느 때처럼 수염을 쓰다듬으며 "아니, 쇼타 씨"라고 입을 뗐다.

"뭐가 아니라는 말씀이신가요?"라고 말을 받자, 이사는 빙긋이 웃으며 말한다.

"다친 사람도 없고, 케이스에 문제가 있다는 것을 알게 되었잖아."

"그래도…."

"문제에 봉착하는 것은 운이 좋다는 증거야."

"운이, 좋다… 구요?" 뜻밖의 말에 나는 당황했다.

"그래, 행동하면 반드시 어려운 국면을 만나게 되어있어. 문제에 봉착하는 것은 난국을 스스로의 힘으로 극복할 수 있는 절호의 기회인 거야. '위기는 곧 기회'라고 하잖아. 그러니 일을 계속해주세요."

나는 온몸을 감싸고 있던 힘이 한순간에 쫙 빠지는 것을 느꼈
다. 그리고 언젠가 들었던 이야기를 생각해내려고 했다.

"'위기는 곧 기회'란 말씀시지요. **'인간의 지혜는 곤경에 처하
지 않으면 안 나온다'**고 하신 적도 있고요."

"제대로 기억하고 있군."

나는 살짝 미소를 지었다. 이사는 이어서 말을 한다.

**"곤경에 처하지 않은 상태에서 개선의 필요성을 찾아내는 것
은 어려워.** 곤경이야말로 좋은 발상의 근원이라고 할 수 있지.
비즈니스맨은 곤란과 과제를 통해 미래를 개척할 방법을 알아
가게 되어있지. 그러니 곤란과 과제는 피하는 것이 아니라 환영
해야 옳아. 도요타에서는 과제를 찾아내면서까지 개선하려고 할
정도니까."

"알겠습니다." 나는 크게 고개를 끄덕였다.

정면 승부
: 문제를 통해 다음 단계로 나아갈 수 있는 사람

집에 가는 길에 전철 안에서 손잡이를 잡고 생각했다.

'문제를 해결하는 능력이 없는 사람은, 문제를 피하기 위해

돌아가려는 사람일지도 몰라'라는 생각이 들었다. 이전에 내가 바로 그랬다. 뭔가 문제가 생기더라도 나와는 상관없다는 태도를 보였기 때문이다.

그렇지만 '문제를 개선할 기회가 왔다고 생각하는 사람'은 그 **문제를 통해 다음 단계로 나아갈 수 있는 사람**이 아닐까?

나도 이 문제와 정면에서 승부 해보자!

그로부터 몇 번 더 공장을 방문하여 '스켈리톤 서버'의 개발을 지켜봤다. 내구성이 좋고 내연성이 높은 아크릴판 몇 개를 시험하면서 케이스를 만들었고, 마침내 '스켈리톤 서버'를 완성할 수 있었다.

이제 실제 환경과 유사한 상태에서의 가동 테스트만 남았다.

36

할 수 없다는 백 가지 이유보다
할 수 있다는 한 가지 가능성에 집중하라

가동 테스트: 부족한 임팩트

마지막으로 사무실의 서버룸으로 가지고 와서 아침부터 하루 종일 가동시켜보았다. 이렇게 하면 무슨 문제가 생기더라도 금방 누군가가 알아차릴 거라고 생각했다.

며칠 동안 가동시켜봤으나 특별히 열이 발생하는 문제 같은 것은 나타나지 않았다. 단, 다른 문제가 나타나기 시작했다.

"그런데 어두운 서버룸에서는 투명한 케이스라는 것을 알아차리기 어려울 거 같은데….”

“생각한 것보다 임팩트가 적은 거 같군.”

“스켈리톤의 장점이 잘 드러나지 않는 것 같아요.”

이런 말들이 모두의 입에서 흘러나왔다.

상대 회사의 정보 입수
: 핑계보다는 어떻게 하면 할 수 있는가?

다음 영업 회의에 모두에게서 들은 이런 의견들을 정리해 들고 가자 분위기가 점점 소극적으로 변해갔다.

“다시 다른 제안을 생각해보는 것이 좋지 않을까?”라는 의견도 나왔다.

그런 분위기의 회의실 안으로 뒤늦게 미카 씨가 들어왔다.

“미안, 늦었어요. 스피드컴퓨터의 제안 내용에 대해 정보를 조금 입수했어.”

“네?!” 회의실에 있던 모두가 놀라며 목소리를 냈다.

“아마도 성능 쪽을 강하게 어필하려는 것 같아.” 미카 씨가 숨을 조금 헐떡이며 이렇게 말을 하자 “역시나”라는 말이 나왔다. 스피드컴퓨터의 강점은 성능이기 때문에 그것을 강조하겠다는 전략인 듯했다.

"미카 씨, 스피드컴퓨터의 전략을 어떻게 아셨어요?"라고 내가 묻자, 미카 씨는 "벤치마킹했지!"라며 엄지손가락을 치켜세웠다.

왠지 모르게 기분이 좋아진 미카 씨는, 갑자기 나를 향해 "그럼 역시 우리는 성능이 아닌 것으로 승부를 걸어봐야겠지"라고 했다.

"그렇다면 우리는 훨씬 더 시각적인 것을 강조해야겠죠."

그렇게 말하더니 미카 씨는 내선전화를 걸었다. 자마 씨의 운영팀을 불러 함께 아이디어를 내야겠다고 생각한 것이다.

곧 자마 씨와 안경남이 회의실로 합류했고, '스켈리톤 서버'를 어떻게 시각적으로 더 강조할 것인지에 대해 논의했다.

"한쪽에 페인트를 칠하면 어떨까?"

"그러면 스켈리톤의 장점이 약해지겠죠."

"케이스를 빛나게 할 수는 없나?"

"바깥쪽에서 조명을 비추면 되지 않을까요?"

"서버 대수만큼 조명을 따로 준비한단 말이야? 그건 너무 힘들지."

논의가 난항을 거듭하자 또다시 분위기가 소극적으로 변해버렸다.

"역시 투명하면서 눈에 띄게 만드는 건 어려워요."

이런 의견이 드문드문 나오기 시작했다.

나는 이런 분위기를 해소시키기 위해 입을 열었다. "아니, 어떻게든 해봅시다!"

그러자 자마 씨가 말했다. **"할 수 없다는 백 가지 이유보다 할 수 있는 한 가지 가능성에 주목하라고!"**

"무슨 말이에요?" 영업 담당 직원이 자마 씨에게 질문했다. 자마 씨는 담담하게 말을 이었다.

"뭔가를 하기 전부터 '할 수 없다', '어렵다'고 말하면 할 수 있는 일도 할 수 없어! 할 수 없다는 핑계보다 **어떻게 하면 할 수 있는가를 생각하는** 것이 도요타의 방식이라고 이전에 긴조 이사님한테 들었어."

"그렇지요. 그러니 어떻게 하면 할 수 있는지를 생각해보자고요." 나는 그렇게 말하면서 모두에게 논의를 재촉했다. 다시 회의가 활기를 되찾기 시작했다.

조금 시간이 지나 안경남이 입을 열었다.

"자마 씨, LED를 케이스에 집어넣으면 어떨까요?"

"그래, LED가 있었지! 작으면서 발열량도 낮고 확실하게 빛도 나지! 서버에서 나오는 전원을 태분하면 새로 전기를 쓸 필요도 없어!"

그 후에도 여러 의견이 나오기는 했지만, 결국 안경남의 아이디어에 따라 며칠 후 LED를 구매했다.

자마 씨는 팀원들과 함께 휴일까지 이용해가며 그 LED를 케이스에 집어넣는 작업을 했다. 서버 케이스의 뒷면에 작은 구멍을 뚫어 LED를 끼워넣었고 배선을 연결한 것이다. 이렇게 만든 제품을 총 10대 준비했다.

작업이 거의 끝나갈 무렵 안경남이 펜을 꺼내 투명한 도료를 케이스에 칠하기 시작했다.

“그건 뭔가요?”

“아, 이거요.” 그렇게 말을 하면서 안경남이 살짝 귓속말을 한다. 아이디어를 듣고 나는 “그거 좋은데!”라며 그에게 미소를 지어 보였다.

환상적인 서버룸: “하면 되잖아!”

일주일이 지나 첫 번째 영업 회의에서 새로운 ‘스켈리톤 서버’를 선보였다.

서버 선반에 나란히 세로로 정렬된 10대의 서버. LED 전원을 켜자 케이스의 윤곽을 따라 빛줄기가 만들어지면서 아름다운

직선이 생겨났다. 그뿐만 아니라 서버 내부의 기계 구조가 빛에 의해 드러나면서 미래적인 분위기를 연출했다.

"와우!" 팀원들은 자신들이 생각한 아이디어였지만, 상상했던 것보다 훨씬 시각적 효과가 크니 엉겁결에 소리를 내고 말았다.

내가 안경남에게 눈으로 신호를 보내자, 안경남은 50센티미터 정도의 검푸르게 빛나는 전등을 켜서 머리 위로 올렸다.

"한 가지 더, 이쪽을 한번 봐주십시요!" 나는 그렇게 말하면서 서버 룸의 전등을 껐다. 그러자 서버 선반에 진열된 서버들이 희미하게 환상적인 하얀 빛을 발하기 시작했다.

"와우!" "블랙라이트잖아!" "정말 멋있는데!"

"야, 이거 정말 아름다운데!" 긴조 이사마저 감탄했다.

"블랙라이트에 반응하는 서버는 아직 없으니 충분히 어필할 수 있을 것 같습니다. 그리고 서버 안이 훤히 투명하게 보이니까 '투명성'도 확실하게 어필할 수 있다고 생각합니다."

한 차례 실컷 환상적인 서버룸을 보고 난 후 서버룸의 전등을 다시 켰다.

긴조 이사는 모두를 바라보면서 "하면 되잖아!"라고 조금 큰 소리로 말을 했다.

"너무 어려워서 한때는 포기해야 하나라고 생각하기도 했습니다"라고 말을 받자, 이사는 수염을 쓰다듬으면서 이야기를 이어갔다.

"도요타 역시 지금까지 수없이 많은 도전을 해왔어. 3시간에 하던 일을 3분에 하라는 지시를 받은 적도 있지."

"3시간에서 3분에요?" 나는 말을 하면서 침을 삼켰다.

"우리 선배들은 훨씬 더했어. 생산성이 미국의 8분의 1이던 시절에는 사장이 '3년 안에 미국을 따라잡으라'는 지시를 하기도 했으니까."

차원이 다른 이야기에 압도당해서일까, 회의실이 갑자기 조용해졌다.

"그렇지만 무리라고 생각할 수 있는 과제에 대해 '무리다', '불가능하다', '할 수 없다'라고 생각하고 도망만 다녀서는 비약을 기대할 수 없어. 우선 **'이건 기회일지 모른다!'**고 생각하는 것이 필요하지. 그리고 **'어떻게 하면 할 수 있을까?'**를 생각하는 거지. 그런 생각이 틀림없이 자신을 도약시키는 발판이 될 거야. 모두 알겠지?"

모두가 "네!"라고 대답했다.

37

한 인간이 지금까지 한 것은,
그 인간이 할 수 있는 것의
100분의 1에 불과하다

프레젠테이션 라이벌

: 킹컴퓨터 vs. 스피드컴퓨터

이전에 오리엔테이션이 열렸던 그 넓은 회의실에서 경쟁입찰이 진행되었다.

참가한 기업에서 온 사람들이 차례대로 프레젠테이션을 했다. 우리 킹컴퓨터는 마지막에서 두 번째였고, 마지막은 스피드컴퓨터였다.

긴장할 틈도 없이 우리 차례가 왔다. 우에다와 나를 포함한 3명이 순서대로 준비한 프레젠테이션을 해나갔다. 입사할 당시만 해도 이렇게 많은 사람 앞에서 프레젠테이션을 하는 건 무리라고 막연하게 생각했었는데, 어찌된 일인지 당당하게 말을 하고 있는 지금 나 자신이 대견스러웠다. 회사에서 연수를 한 덕분에 자신감이 쌓였던 것 같다. 우에다의 지도도 큰 보탬이 되었다.

일단 설명을 마치고 선반에 진열한 10대의 서버로 시현을 시작했다.

LED의 불이 켜지자 "오오?!"와 같은 환성이 일어났고, 블랙라이트를 켰을 때는 박수갈채가 쏟아졌다. 충분한 호응을 이끌어 낸 것 같았다.

신경이 쓰였던 스피드컴퓨터의 프레젠테이션 내용은 사전에 미카 씨가 파악한 대로 성능을 전면에 부각시키는 전략이었다. 처리 속도가 최고에 프로 바둑 기사에게도 이길 수 있는 지능을 겸비한 서버라고 말하니 우리가 설명했을 때와 비슷한 환성이 터져나왔다.

프레젠테이션을 끝내고 돌이켜보니, 다른 회사는 특별한 감동을 주지 못한 것 같았다. 실질적으로 스피드컴퓨터와 우리 킹컴퓨터의 일대일 대결이 될 것 같았다.

어느 쪽의 손을 들어줄 것인가는 고객이 결정하겠지만, 나는 승리를 확신할 수 있었다.

며칠 후, 결과가 마치다 부장에게 전화로 전달되었다.

'패배'였다.

모두에게 마치다 부장 입으로 결과가 전달되었을 때 나는 깜작 놀랐다. 무거운 공기가 영업본부 사무실을 가득 메웠다.
"왜 그랬대요?"
누군가가 이유를 묻자 마치다 부장은 "우리 회사와 스피드컴퓨터 두 회사로 압축되었대. 어느 쪽을 선택하든 다 좋다는 판이었지"라고 운을 뗀 다음 "'결국 이미 거래를 하고 있으니까'라고 하더라고"라고 말한다.
"결국 미리 짜고 한 거 맞네!"
미카 씨가 팔짱을 낀 채 거친 목소리를 냈다. 우에다는 맥없이 고개를 떨어뜨리고 벽에 기대고 서있었다.
우리는 최선을 다했는데 안 된 거다.
미리 짜고 했든 안 했든 비즈니스 세계에서는 결과가 전부다.
그런데 나는 문득 생각했다.
이걸로 모두가 끝인가. 아직…, 아직 우리가 할 수 있는 일이 더 있지 않을까?

어쩐지 그런 생각이 들었다.

그런 뿌연 생각을 하고 있었는데, 갑자기 긴조 이사가 앞으로 나가 모두를 향해 연설을 하기 시작했다.

"영업본부 여러분, 정말 수고 많았습니다. 결과는 아쉽지만, 이것으로 모든 것이 끝났다고 생각하지 말았으면 합니다. 아직 할 수 있는 것이 없을까 생각해봅시다!"

나는 놀라서 고개를 들었다.

"한 인간이 지금까지 한 것은, 그 인간이 할 수 있는 것의 100분의 1에 불과합니다. 우리가 할 수 있는 것을 더 찾아봐주세요."

내가 가지고 있었던 뿌연 생각이 더욱 뚜렷해지는 것 같았다. 역시 그렇구나. 그런데 우리가 할 수 있는 게 뭐가 있을까? 나는 잠시 생각에 잠겼다.

몇 시간 후, 나는 마치다 부장에게 제안을 했다. 경쟁입찰에서 지기는 했지만, 모처럼 인연이 된 고객이니까 찾아가 인사라도 하자고 말이다.

그 자리에 있었던 미카 씨와 우에다도 "같이 가요!"라고 말했고, 결국 경쟁입찰을 준비했던 멤버 모두가 방문하기로 했다.

DHK의 담당자는 미안해하며 대응해주었다.

"죄송하게 되었습니다. 이번에…"라고 하는 담당자에게 "이번에 기회를 주셔서 진심으로 감사드립니다. 또 일이 있으면 꼭 다시 부탁드립니다"라고 말하며 머리를 숙였다. 우리는 모두 어쩐지 마음이 한결 개운해지는 것 같았다.

겨울, 놀랄만한 기사
: 스피드컴퓨터 내부거래 의혹

가로수의 잎은 모두 떨어져버렸고, 드러난 나무줄기가 하늘을 향해 뻗어있다. 벌써 코트가 필요할 정도로 아침 공기가 쌀쌀해졌다.

차가운 양손을 비비면서 출근했는데, 미카 씨가 벌써 자리에 앉아있었다. '요즘 출근이 이상하게 빨라진 거 같은데'라고 생각했었는데, 미카 씨가 내 얼굴을 올려다보며 큰 목소리를 냈다.

"쇼타! 뉴스 봤어?"

"아, 아니요, 아직." 내가 당황하며 대답하자, 미카 씨가 손짓하여 부르면서 자신의 책상 위에 놓인 컴퓨터 화면을 내 쪽으로 돌려줬다. 놀라지 않을 수 없는 뉴스 사이트의 기사 제목이 보였다.

'스피드컴퓨터, 내부거래 의혹'이라고 써있었던 것이다.

기사의 내용은 이랬다. DHK로부터의 수주 건을 스피드컴퓨터의 직원이 제3자에게 누설했고, 그래서 주가가 오를 것으로 예측한 자들이 이익을 챙기려고 했던 것 같았다.

이 사건이 우리에게 어떤 영향을 줄지 예상하기 어려웠지만, 잘 아는 회사와 관련된 뉴스였기 때문에 충격적이었다.

"자, 앞으로 어떻게 될까?"라며 미카 씨가 빙긋이 웃음을 지어 보였다.

9회말 역전 승: "대단한 서버룸"

며칠 후, DHK의 담당자가 마치다 부장을 찾아왔다.

미카 씨와 나도 불려갔다.

담당자는 입을 열자마자 이렇게 말을 했다.

"그런 사건 때문이기도 합니다만, 저희는 귀사의 진정한 성의를 느낄 수 있었습니다. 저희와 거래를 해주셨으면 합니다."

스피드컴퓨터와는 아직 정식으로 계약을 체결하지 않은 상태였고, 거절을 통보하자 아무 말 없이 받아들인 듯했다.

역전 승이었다!

우리의 안을 DHK가 채택해서 200대의 수주가 결정되었다.

DHK의 담당자가 돌아간 다음, 나와 미카 씨와 우에다는 뛰어오르며 하이파이브를 했다.

"해냈네요!" "우리가 해냈다, 해냈어!"

곧바로 보도 자료가 배포되었고, 묘한 빛을 내는 서버룸은 삽시간에 뉴스거리가 되어 여러 인터넷 미디어에서 메인으로 다루어졌다. SNS에서도 "대단한 서버룸" 같은 이야기가 퍼지면서 서버룸을 한번 보고 싶다는 문의가 급증했고, 킹컴퓨터에는 견학자가 쇄도했다.

이런 화제의 대상으로 떠오른 DHK는 여러 기업과 접촉할 기회가 늘어나면서 비즈니스 기회도 그만큼 늘어났다고 한다.

나중에 DHK의 담당자가 다시 방문하더니 흥분한 말투로 상세하게 설명해주었다.

마지막에는 "처음부터 킹컴퓨터를 선정했더라면 싶어요. 정말 실례가 많았습니다"라는 말까지 했다.

우리는 기쁨을 만끽하고 있었다,

그런데 그 기쁨도 잠시, 깜짝 놀랄 사실을 통보받았다.

긴조 이사가 이달을 끝으로 회사를 떠난다는 것이었다.

38

변화만이 안전성을 보증할 수 있다

내부 지각 변동: 긴조 이사의 뜻밖의 통보

항상 하던 영업 회의에서 그 사실이 통보되었다.

이전부터 긴조 이사는 이번 경쟁입찰에서 이기면 나고야로 돌아갈 생각이었던 것 같다. 그리고 우리가 경쟁입찰에서 역전승을 했기 때문에 예정대로 돌아가게 된 것이다. 도요타에 새롭게 만들어지는 그룹사의 사장으로 부임한다는 소식이었다.

"이전부터 몇 번이나 나고야로 불려가서 부탁을 받았었어."

이유를 담담하게 설명하는 긴조 이사의 옆얼굴을 보면서 '그러고 보니 이 사람이 슬퍼하거나 기뻐하는 얼굴을 본 적이 없네'라는 생각이 들었다.

"이곳에서 아직 결과를 남기지 못했다고 보고했더니, '그럼 결과를 남기게 되면 신속하게 되돌아오시오'라는 지시를 받았네. 그리고 지난 번 DHK의 수주에 성공했잖나. 내가 세운 공적이라고 말하려는 건 결코 아냐. 하지만 일단 매듭을 진 것으로 보여진 모양이네. 내일 아침에는 이 회사를 떠날 거야."

나는 묻고 싶은 것도 듣고 싶은 것도 많았지만 그날은 몇 건의 상담이 있어서 이야기를 나누지 못했다.

이별: 긴조 이사와 유카 씨, 그리고 미카 씨까지

다음 날 아침, 긴조 이사는 마지막 인사를 하기 위해 사무실에 들렀다. 건물 입구에서 나를 포함한 영업본부의 몇 명이 이사를 둘러쌌다.

"바로 신칸센을 타러가야 해서 딸하고 같이 왔네"라고 말하는 이사의 뒤에 한 여자가 서있었다. 그녀의 얼굴을 보는 순간 놀라 넘어질 뻔했다.

카페 '나렛지'의 유키 씨였다.

유키 씨가 긴조 이사의 딸이었어! 아, 그래서 우연히 '나렛지'에서 만나는 일이 많았구나….

"안녕하세요. 저는 나고야에 계신 분과 결혼을 합니다."

"아, 그랬었군요. 이사님도 나고야로 돌아가시게 되니까, 잘되셨네요."

"음, 그렇게 됐네." 이사는 그렇게 말하고 수염을 계속 쓰다듬었다.

"아, 그렇지, 쇼타, 다음 달부터 영업 1팀의 팀장은 자네야. 이미 마치다 부장도 아는 걸세."

갑작스런 승진 통고通告에 나는 너무 놀랐다.

"네? 그렇지만 미카 씨는? 설마…, 미카 씨도 나고야로…?"

"그래, 에비나 씨 본인이 원해서, 내 회사에서 일하기로 했어."

뒤에 있던 미카 씨를 쳐다보니 미카 씨가 방긋이 웃으면서 "쇼타, 정말 둔한 건 여전하네"라고 말했다.

우에다도 부서 이동 신청을 한 것이 받아들여져 교육 부서에서 신입 직원 연수를 담당하게 되었다고 한다. 프레젠테이션 연수를 통해 '가르치는 것'에 대한 매력에 눈을 뜬 것 같았다.

나는 이사의 입에서 연이어 나오는 말에 놀라면서 "여러 가지 크고 작은 변화가 일어나고 있네요"라고 말했다. 긴조 이사는

"음, 앞으로 더 큰일들이 일어날 텐데 괜찮겠어? 쇼타 씨?"라고
말했다.

나는 천천히 숨을 들이마시며 대답했다.

"그렇지만… 변화하는 것으로 안정을 취할 수 있다는 생각이
들기도 합니다."

그렇게 말을 하자 이사가 내 어깨를 툭 치며 말한다.

"바로 그거야! 도요타에도 **변화만이 안전성을 보증할 수 있다**
는 말이 있어."

"변화만이 안전성을 보증한다." 나는 이사의 말을 반복했다.

"그래, 지금 우리가 살고 있는 이 시대는 크게 변화하고 있어.
그 변화에 대응하는 방법은 자신도 스스로 변화하는 거야. 기업
이 '개선'을 하는 것은 고객을 위해서야, 쇼타! 고객이 매일 변화
하니 기업도 고객을 위해 '개선'을 지속해서 수요를 창출해야 하
는 거지. 특히 일본의 기업은 매출 부진과 적은 고객의 원인을
세상 탓으로 돌리거나 고객 탓이라고 생각하는 경향이 강해. 아
무리 열심히 해도 고객의 요구가 변화하는 데 대응하지 못하면
결과를 만들어낼 수 없어. 변하지 않는 것은 나쁜 거야. '이제 됐
다'고 생각하는 순간이 바로 끝이라고 보면 돼, 쇼타!"

그렇게 말한 긴조 이사는 내 눈을 똑바로 바라보며 "음, 쇼타
라면 괜찮을 거야. 앞으로 계속 하던 대로 하면 돼"라고 말했다.

"이사님, 끝으로 한 가지만 말씀해주세요. 왜 지금까지 저를 그렇게 챙겨주셨나요?"

긴조 이사는 고개를 기울이고 팔짱을 끼면서 말했다.

"왜 그랬을까? 음, 예전의 내 모습을 보는 것 같았나봐. 그래서 차마 그냥 넘어갈 수 없었는지도 모르지. 책상 위가 지저분한 것도 그렇고 말이야." 그렇게 말을 하면서 이사는 치아를 드러내 보였다.

그러자 옆에서 유키 씨가 끼어들었다.

"그래그래. 옛날에 아빠도 책상 위가 더러웠고, 뭔가 싫은 일이 생기면 화장실에 들어가 한동안 나오지 않았잖아."

"음, 신입 직원일 때는 그랬어. 유키, 네가 초등학생 때였지."

이사가 멋쩍은 표정을 지었다. 지금까지 본 적이 없는 모습이었다.

"난 어제 일처럼 생생하게 기억하는데"라고 유키 씨가 심술궂게 웃는다.

주위에서도 웃음소리가 울렸다.

갑자기 긴조 이사가 입고 있던 감색 점퍼를 천천히 내밀었다.

"이건, 이사님이 줄곧 입고 계시던…."

"맞아, 이건 내가 도요타의 현장에서도 줄곧 입고 있던 거야.

자네에게 주지.”

“괜찮으시겠어요?!”

긴조 이사는 만면에 미소를 지으며 고개를 끄덕였다.

“이제 가야 할 시간이네.”

그렇게 말을 하고, 긴조 이사와 유키 씨는 건물을 나서 역으로 향했다.

또 언젠가 다시 만날 거라고 생각해서 그런지 그렇게 슬프지는 않았다.

건물 입구에서 가로수길로 걸어가는 두 사람을 보낸 직후, 나는 점퍼를 입어봤다. 소매 밖으로 나온 두 손을 하늘을 향해 높이 벌렸다.

어쩐지 다시 태어난 것 같았다.

행동하려는 생각

이번 장에서는 '교지보다 졸속'이라는 말을 소개했습니다. 그런데 이 말은 원래 도요타의 생산방식의 기본 자세로, 정확하게는 '**개선은 교지보다 졸속을 존중한다**' 입니다.

실제로 필자가 있었던 정비현장에서는 어쨌든 졸속 행동이 연달아 일어났지요. 고객이 기다리고 있으니까 빨리 움직여야 하고, 수리를 하는 경우에는 하루라도 빨리 고쳐드려야 했으니까요. 그래서 현장에서는 '**우선 움직여라**'는 말이 자주 들렸습니다.

실제로 해보지 않고 책상 앞에서 생각만 해서는 알 수 없는 부분이 있습니다. 실패해도 좋으니 우선 움직인다. 실패임을 알았으면 바로 고친다. 이런 행동을 끊임없이 스스로에게 요구해야 합니다.

현장에는 상사가 개선점을 지시하면 곧바로 그 자리에서 대책을 강구하고 신속하게 행동으로 옮기는 사람이 많았습니다.

상사가 지켜보는 것은 '얼마나 빨리 움직이는가'였고, 우두커니 서서 생각만 하고 행동을 보이지 않으면 심하게 혼이 났습니다. 그렇다보니 아무리 성실하게 일하더라도 행동이 느려서 중요한 일을 맡지 못하는 사람도 있었습니다. '그것이 엄격한 도요타방식'이라고 생각했고, 그 정도로 빠른 행동이 필요했습니다.

그렇지만 한 가지 중요한 것은 단순히 신속하게 행동하는 것만이 아니라 '**현장을 보고**' '**현물을 보는**'것처럼, 그러니까 앞서 언급했던 '**현장을 이해하려는 생각**'도 영향을 미친다는 것입니다. 대책에 대해 상사에게 보고하면 "상상만으로 말하지 말게. 현장을 보고 와!"라고 몇 번이고 주의를 받았습니다. 아마 그 상사는 먼저 현장을 보고 왔기에 이미 문제점을 파악하고 있었다고 생각합니다. 현장을 보고 신속하기 개선하기 위한 행동을 한다. 이런 속도감이 도요타의 강점일지도 모릅니다.

도요타의 현장은 물론 일반적인 비즈니스에서도 고객을 상대할 때 신속하게 행동하는 것은 매우 중요하다고 생각합니다.

자신이 '완벽하다'고 생각하더라도 상대도 '완벽하다'고 느낀다는 보장은 어디에도 없습니다. 오히려 스스로 독선적인 생각에 빠질 가능성도 있습니다. 그 정도까지의 부가가치는 바라지 않는다거나, 그렇게 하면 비용이 너무 많이 든다는 등의 고객이 원하는 것과 동떨어지는 경우도 생길 수 있으니까요. 고객이 나와는 다른 생각을 하는 경우도 있고, 시간이 흐르면서 고객의 생각이 바뀌는 경우도 있습니다.

이러한 위험을 피하기 위해서라도 속도가 중요합니다. 가령 60점짜리 완성도라 할지라도 "아직 미완성이지만 한번 봐주십시오!"라고 신속하게 의논하려고 하면 고객과의 차이를 발견하고 올바르게 수정할 시간을 벌 수 있습니다.

내 주변에 있는 유능한 직장인의 공통점은 모두 '**교속**巧速**한 다**'는, 그러니까 일 솜씨도 좋고 속도도 빠르다는 점입니다. 그러나 그들도 처음부터 '교속'하지는 않았겠지요. 성장하면서 '교지보다 졸속'이라는 것을 의식하면서 일에 몰두한 결과 '교속'하는 방법을 터득했다고 생각합니다. 물론 이상적인 것은 '교속'입니다만, 우선 '졸속'을 목표로 하라고 권하겠습니다.

그렇다면 비즈니스를 하면서 속도감 있는 대응을 하기 위해서는 무엇이 필요할까요?

그것은 평상시에 자신의 일을 잘 파악하고, 또 깊이 생각하는 것이 아닐까요. 즉, 필요한 정보는 지식으로 확실하게 터득하고, 숫자를 근거로 '논리적으로 생각하는 습관'을 키우는 것이라고 생각합니다. 언제 누구와 대화하더라도 핵심을 정확하게 짚는 발언을 할 수 있어야 합니다. 그런 것들이 몸에 배어 있기 때문에 신속하게 행동하면서도 결과물을 정확하게 도출할 수 있게 된다는 걸 기억하십시오.

속도가 결과를 바꾼다

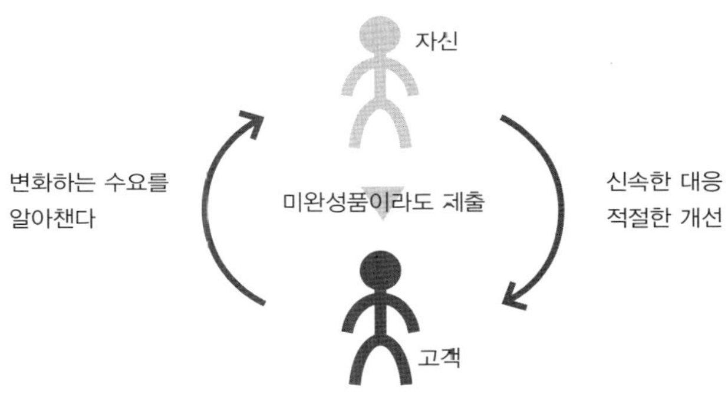

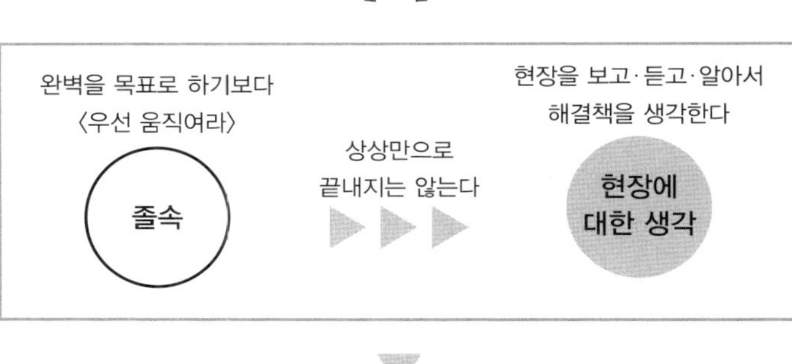

반복한다

개선을 반복하면서
'정확성×속도'를 확보한다

생각하는 방법,
가치를 제공할 수 있는 사람

'35세, 이직 한계설'이라는 말을 들어본 적이 있으신지요?

이직시장에서는 35살 이상이 되면 갑자기 수요가 급감해버린다고 합니다.

그러나 제 주변에는 30대 후반이든 40대이든 이직에 성공하는 사람이 있습니다. 그들의 공통점은 '가치를 제공할 수 있는 사람'이라는 겁니다. 기업에 공헌할 수 있고, 가치를 창조할 수 있는 사람에게라면 언제든지 시장은 열려있지 않을까요.

필자는 자신의 가치를 자격이나 조직이 인정하던 시대에서 시장이 인정하는 시대로 바뀌고 있다고 봅니다. 이런 시대에서 '가치를 제공할 수 있는 사람'이 되기 위해서라도 '스스로 생각하는 힘'을 갖춰야만 한다고 생각합니다.

'생각하는 방법'이라고 하면, 금방 '○○싱킹thinking' 같은 영어 표현을 쓰는, 컨설턴트가 좋아할 만한 걸 상상하는 분이 많다고 생각합니다. 실제로 그런 유형의 책이 서점에도 널려있습니다만, 이 책에서 소개한 '생각하는 방법'은 사회에 나가 일을 하는데 있어서 '전제'가 되는, 그러니까 '근간'으로서 이해할 필요가 있다고 매일같이 실감하는 부분에 대한 이야기입니다.

도요타에서는 생각하는 것과 마찬가지로 '생각하게 시키는' 문화가 있습니다. 구체적으로는, 가령 부하를 교육할 때 상사가 스스로 해보이면서 결과를 내면 도요타에서는 주의를 받습니다.

"직접 해보고 왜 결과가 나오지 않는지를 생각하는 것이 중요한데, 그것을 시키지 않고 자신이 해서 결과를 내는 것은 잘못되었다"는 것입니다.

개발도상국을 지원할 때 "물고기를 주지 말고 잡는 방법을 가르치라"는 말이 있지요. 그렇듯 상대를 진정으로 배려한다면 '생각하는 방법을 가르쳐주는 것'이 정말로 중요합니다.

일본 사람은 '결과가 나오지 않는 것', '실패하는 것'에 대해 많이 염려하는 것 같습니다. 그것은 교육 과정에서 '실패는 피해야 하는 것'이라고 배우면서 자라기 때문이겠지요. 하지만 '실패는 반드시 피해야 하는 것'이라고 생각하는 것이야말로 '배우는 것'의 소중함을 모르고 지나가버린다는 뜻이 아닐까요?

도요타의 현장에 있으면서 피부로 느낀 것은 '실패는 결과를 내기 위해 반드시 거쳐야 하는 과정'이라는 점입니다.

한 사람이라도 많은 분이 이 책에서 소개한 '생각하는 방법'을 터득하고 실패를 경험하면서 결과를 내주었으면 좋겠습니다. 다음 다섯 가지를 기억하세요.

① 개선으로 나아가는 방향을 염두에 두고,

② 좋은 것은 주위로 확산시키십시오.

③ 현장을 소중하게 생각하고,

④ 문제가 생기면 '진짜 이유'를 찾아보시기 바랍니다.

⑤ 그런 '행동'을 계속하면 도요타와 같이 지속적인 성장도 가능할 겁니다.

그렇게 성장하는 사람이 늘어나면 일본도 발전할 여지가 충분하리라고 생각합니다.

끝으로 도요타 그룹의 창시자인 도요타 사키치의 말을 인용하면서 펜을 놓을까 합니다.

“문을 열어봐라, 바깥세상은 넓다.”

읽어주신 여러분이 스스로 문을 열고 밖으로 나가 활약하시
기를 진심으로 바랍니다.

하라 마사히코

'도요타의 입버릇' 모음

 개선하려는 생각

01 시간은 동작의 그림자다
동작의 낭비는 시간의 낭비를 초래한다. 낭비를 없애 가치를 창출하는 일을 한다.

02 열심히 한다는 것은 땀을 많이 흘리는 것이 아니다
어떻게 하면 열심히 안 하면서 생산물의 가치를 높일 것인가를 생각한다.

03 인간의 뇌는 곤란한 상황에 처해야만 지혜를 발휘한다
곤란하면 곤란할수록 지혜가 나온다 곤란한 상황을 피하지 말고 적극적으로 받아들인다.

04 자동화를 구축하라
단순히 '움직이는 動(움직일 동)'이 아니라 인간으로서 지혜를 발휘하는 것이 '일을 하는 働(일할 동)'이다.

05 같은 실수를 반복해서는 안 된다
과거에 실패한 것을 다시 경험하지 않기 위해 필사적으로 지혜를 짜내야 한다.

06 대안도 없으면서 반대하지 마라
반대 의견을 낼 때는 반드시 대안도 함께 제시하도록 한다.

07 과제가 없는 보고는 일체 받지 않는다
사실만을 전달하는 보고는 보고가 아니다. 다음으로 이어지는 과제를 담아야 한다.

제2장 주위로 확산시키려는 생각

08 벤치마킹을 계속해라
다른 회사와의 차이를 명확하게 측정해서 그 차이를 극복하는데 주력한다.

09 다능공이 되어라
일하는 역할을 일방적으로 단정하지 말고 폭넓게 대응할 수 있는 인재를 지향한다.

10 수평으로 전개하라
발견한 업무 개선 방법은 옆으로 전개시켜야 조직이 강해진다.

11 다른 부서가 나를 먹여 살리게 하라
주위의 도움으로 자신의 일이 성립되고 있다는 것을 이해한다.

12 산술보다 둔갑술이다
책상에서의 계산으로 끝내지 마라. 궁리 여하에 따라 업무 효율은 얼마든지 올릴 수 있다.

13 두 단계 위의 입장에서 생각해라
작은 우물에 빠지지 말고 시야를 넓혀서 전체를 바라보는 센스를 가진다.

제3장 현장을 이해하려는 생각

14 자신을 필사적으로 만드는 현장으로 가라
냉엄한 국면의 현장에서 필사적으로 지혜를 짜내는 경험을 쌓는다.

15 삼현주의를 기억하라
무조건 현장로 달려가서, 현물을 보고 현실을 파악한다.

16 현장이 먼저, 데이터는 나중이다
데이터는 추측하는 과정에만 활용하고 어찌되었든 현장을 지속적으로 관찰한다.

17 복도에는 돈이 떨어져있다고 생각해라
현장의 수요를 정확하게 파악하면 커다란 성과로 이어진다.

18 사물에게 물어라
생각만 하는 것이 아니라 현장의 사물을 직시해야만 비로소 알게 되는 것도 있다.

19 현실에서 벗어나지 않기 위해 숫자에서 눈을 떼지 마라
결과적으로 나타난 숫자는 현실을 말하고 있는 것이다. 반드시 확인해야 한다.

20 판매 현황을 살펴보면서, 팔리는 것만 만들어라
지금 팔릴 수 있는 것을 정확하게 가려내면서 능동적으로 행동해 나간다.

21 외딴섬을 경계하라
거리가 멀어지면 마음도 멀어진다. 조직 내 거리감은 좁혀야 한다.

제4장 진짜 이유를 파고드는 생각

22 변명할 머리로 실행할 것을 생각하라
자신을 지키기 위해서가 아니라 실현할 방법을 생각하는데 시간을 쓴다.

23 '불운'으로 반성을 끝내지 마라
나쁜 일이 생기면 '운' 탓을 하지 말고 원인을 찾아서 개선을 도모한다.

24 기계는 망가지는 것보다 망가뜨리는 경우가 많다
막을 수 있는 이상 현상은 사전에 철저히 막는다.

25 매뉴얼대로만 하는 엔지니어는 필요 없다
주어진 매뉴얼대로 움직이는 것은 일이라고 할 수 없다.

26 거스르지 말고, 따르지 말고
업무 지시는 분명하게 받아들이고, 업무 결과에는 플러스 알파로 응답
한다.

27 책임을 추궁하는 것이 아니라, 원인을 알아내는 것을 고심해야 한다
재발 방지를 위해서라도 문제가 발생해버린 원인을 가장 먼저 생각
한다.

28 '두더지 잡기 게임'을 하지 마라
파생해서 일어나는 사항에 반응하는 것이 아니라 본질을 분명히 파악
한다.

29 다섯 번의 WHY를 반복하라
문제에 대해서는 원인을 알 때까지 '왜'라는 질문을 반복한다.

30 진짜 이유를 파헤쳐라
문제가 생기면 그 배후에는 반드시 진짜 이유가 있다.

31 중요한 것은 '목적이 무엇인가'이다
목적과 수단을 혼동하지 말고 무엇을 위해서 실행하는가를 의식한다.

제5장 행동하려는 생각

32 교지는 졸속만 못하다
빨리 움직이면 잘못하고 있다는 것이 신속하게 밝혀진다.

33 인간관계는 입보다 귀로 만들어라
이야기를 듣는 것을 중시하면 상대가 바라는 것이 보인다.

34 우선은 좋은 안보다 많은 안이 필요하다
질 높은 아이디어 하나를 내기 위해 용쓰지 말고 우선은 많은 양의 아
이디어를 내는 것이 중요하다.

35 문제에 봉착하는 것은 운이 좋다는 증거다
곤란이야말로 발상의 근원이다. 어려운 국면을 마주할수록 아이디어
가 나오기 쉬워진다.

36 할 수 없다는 백 가지 이유보다 할 수 있다는 한 가지 가능성에 집중하라
실현할 수 없는 이유는 생각할수록 낭비다. 실현 가능성을 찾아야
한다.

**37 한 인간이 지금까지 한 것은, 그 인간이 할 수 있는 것의 100분의 1에 불과
하다**
완벽이란 있을 수 없다. 더 할 수 있는 것은 없는지 모색하는 것이 중
요하다.

38. 변화만이 안전성을 보증할 수 있다
세상의 변화에 대응하는 방법은 자신도 스스로 계속 변화하는 것이다.

변화를 통해 살아남은 기업, 도요타자동차

강한 기업은 어떤 기업일까? 강하다는 말 자체가 많이 추상적이어서 명확하게 개념을 정리하는 것이 쉽지 않을 수 있습니다. 그러나 다윈의 진화론을 보면 그 힌트를 얻을 수 있지요. 오랜 지구 역사에서 살아남은 생물은 덩치가 큰 생물도 아니고 싸움을 잘하는 생물도 아니었습니다. 그들은 시대와 환경의 변화에 신속하게 적응할 수 있었던 생물이었지요. 반대로 시대와 환경의 변화에 실시간으로 적응하지 못한 생물은 크기와 힘과는 상관없이 생존하는데 실패했답니다.

기업도 다르지 않습니다. 시시각각 변하는 환경에 적응하지 못하고 살아남지 못하는 것은 생물보다 기업이 더 절박할 것입니다. 통계를 보면 기업의 생존율은 나라마다 조금씩 차이가 있지만 대체로 10년이 넘으면 10퍼센트 미만으로 떨어진다고 합니다. 그렇다면 그 생존율을 결정하는 최대 요인은 시대에 적응하면서 가치 있는 경영을 신속하게 실천할 수 있는가가 아닐까요? 즉, 기업의 변화는 생존과 성장의 증거이며, 그 변화를 통해 살아남은 기업이 강한 기업이라고 생각합니다.

이런 의미에서 생각해보면 도요타자동차는 강한 기업임에 틀림없고, 그 중에서도 매우 우수하고 업계를 선도하는 기업이 도요타자동차입니다. 이 책은 도요타 자동차를 생산하는 작업현장에서 나타나는 변화의 중요성을 얘기하고 있습니다. 생산현장에서 이루어지는 끊임없는 개선 노력을 도요타자동차의 변화를 이끌어가는 최대의 원동력으로 소개하고 있지요.

보다 나은 효율적인 생산을 위해 개선하고 또 개선하고 다시 개선하는 것이 그 무엇보다 중요하다고 생각하는 것이 도요타자동차의 생각입니다. 이 책의 부록, '도요타자동차의 입버릇'에서 역시 '개선'이 가장 먼저 등장하는 이유이기도 하지요. 하지만 그 외에도 이 책에서 제시하고 있는 서른여덟 가지 입버릇은 어느 기업에게나 적용이 가능한 내용일 것입니다. 그러고 보면, 도요타자동차는 남이 하지 않는 특별한 무언가를 하는 것이 아니지 않을까요? 모두가 해야 한다고 생각하면서 실천하지 못하는 것을 철저하게 해내고 있는 것이 도요타를 특별하게 만드는 비결일 것입니다.

저성장 기조가 만연해가는 요즘, 우리나라에서는 먼저 오랜 불황을 경험한 일본에 대한 관심이 높아지고 있습니다. 특히 불황을 극복한 일본 기업들의 생존전략에 대해 한국의 많은 기업들이 그 비결을 알고 싶어 하지요. 그 대상에 도요타자동차도 예외가 될 수 없다고 생각합니다. 그러나 여기서 한 가지 더 추가하자면, 도요타자동차의 성공은 수많은 협력사들의 도움으로 완성되고 있음을 잊어서는 안 될 것입니다. 그런 의미에서 우리나라도 도요타자동차와 1차 협력사 사이의 관계, 즉 '갑을 간의 관계'가 아니라 1차 협력사와 2차 협력사, 즉 '을병 간의 관계'에 더 주목해야 할 것입니다. 그들 협력사들의 불황 극복이 곧 도요타자동차의 불황 극복으로 이어졌음을 지켜봤다면 말입니다.

결국 강한 대기업은 강한 중소기업 없이는 불가능합니다. 협력사 모두가 원래하던 제품과 업무 프로세스를 고집하면 성장을 위한 변화 즉 진화는 불가능할 것입니다. 도요타자동차가 지속해서 변화할 수 있는 것은 협력사의 끊임없는 개선과 진화의 덕분이라는 것을 그들은 너무도 잘 알고 있기 때문이겠지요.

기업의 변화는 상대적 차별성을 확보하는 방향으로 나아가야 옳습니다. 남과 다르다는 것은 축복인 동시에 용기이며 자기 확신이기 때문입니다. 도요타자동차의 변화하는 과정을 통해 우리나라의 많은 기업들이 용기와 자기 확신을 가지기를 바랍니다.

도요타 생각

2017년 10월 10일 1판 1쇄 박음
2017년 10월 16일 1판 1쇄 펴냄

지은이 하라 마사히코
옮긴이 오태헌
펴낸이 김철종
책임편집 배빛나
디자인 이찬미
마케팅 오영일
인쇄제작 정민문화사

펴낸곳 (주)한언
출판등록 1983년 9월 30일 제1 - 128호
주소 03146 서울시 종로구 삼일대로 453(경운동) KAFFE빌딩 2층
전화번호 02)701 - 6911 **팩스번호** 02)701 - 4449
전자우편 haneon@haneon.com **홈페이지** www.haneon.com

ISBN 978-89-5596-816-3 13320

* 이 책의 무단전재 및 복제를 금합니다.
* 책값은 뒤표지에 표시되어 있습니다.
* 잘못 만들어진 책은 구입하신 서점에서 바꾸어 드립니다.

이 도서의 국립중앙도서관 출판예정도서목록(CIP)은 서지정보유통지원시스템 홈페이지
(http://seoji.nl.go.kr)와 국가자료공동목록시스템(http://www.nl.go.kr/kolisnet)에서
이용하실 수 있습니다.(CIP제어번호: CIP2017025622)

한언의 사명선언문

Since 3rd day of January, 1998

Our Mission – 우리는 새로운 지식을 창출, 전파하여 전 인류가 이를 공유케 함으로써 인류 문화의 발전과 행복에 이바지한다.

– 우리는 끊임없이 학습하는 조직으로서 자신과 조직의 발전을 위해 쉼 없이 노력하며, 궁극적으로는 세계적 콘텐츠 그룹을 지향한다.

– 우리는 정신적·물질적으로 최고 수준의 복지를 실현하기 위해 노력하며, 명실공히 초일류 직원들의 집합체로서 부끄럼 없이 행동한다.

Our Vision   한언은 콘텐츠 기업의 선도적 성공 모델이 된다.

저희 한언인들은 위와 같은 사명을 항상 가슴속에 간직하고
좋은 책을 만들기 위해 최선을 다하고 있습니다.
독자 여러분의 아낌없는 충고와 격려를 부탁 드립니다.

· 한언 가족 ·

HanEon's Mission statement

Our Mission – We create and broadcast new knowledge for the advancement and happiness of the whole human race.

– We do our best to improve ourselves and the organization, with the ultimate goal of striving to be the best content group in the world.

– We try to realize the highest quality of welfare system in both mental and physical ways and we behave in a manner that reflects our mission as proud members of HanEon Community.

Our Vision   HanEon will be the leading Success Model of the content group.